臺灣歷史與文化 研究輯刊

十七編

第3冊

新店溪流域移墾聚落信仰圈文化研究（上）

黃啟宗 著

花木蘭文化事業有限公司

國家圖書館出版品預行編目資料

新店溪流域移墾聚落信仰圈文化研究（上）／黃啟宗 著 -- 初版
-- 新北市：花木蘭文化事業有限公司，2020〔民 109〕
目 4+168 面；19×26 公分
（臺灣歷史與文化研究輯刊十七編；第 3 冊）
ISBN 978-986-518-067-6（精裝）
1. 臺灣史 2. 民間信仰 3. 新店溪
733.08   109000545

ISBN-978-986-518-067-6

臺灣歷史與文化研究輯刊
十七編 第三冊
ISBN：978-986-518-067-6

新店溪流域移墾聚落信仰圈文化研究（上）

作　　者　黃啟宗
總 編 輯　杜潔祥
副總編輯　楊嘉樂
編　　輯　許郁翎、張雅淋　美術編輯　陳逸婷
出　　版　花木蘭文化事業有限公司
發 行 人　高小娟
聯絡地址　235 新北市中和區中安街七二號十三樓
　　　　　電話：02-2923-1455／傳眞：02-2923-1452
網　　址　http://www.huamulan.tw 信箱 hml810518@gmail.com
印　　刷　普羅文化出版廣告事業
初　　版　2020 年 3 月
全書字數　206061 字
定　　價　十七編 11 冊（精裝）台幣 22,000 元

新店溪流域移墾聚落信仰圈文化研究(上)

黃啟宗　著

作者簡介

　　黃啟宗，以教育志業與學術研究為終身職志的教育人，學經歷多元跨域，從機械工程走向教育課程，從環境水文研究到歷史人文。累積了三十餘年地方文史的研究經驗與成果，也有二十多年的教學與行政經驗。

　　學生時期半工半讀，從事過社會上各階層工作，包括機械工廠、清潔工程、職業駕駛、地鐵工程品管與升學補習班老師等十餘項經歷。因接地氣的庶民生活，深刻感受到草根鄉土的濃厚情感，自覺到對土地、歷史與文化的責任與使命。

　　應用語言文學與應用中國文學研究所畢業，研究領域涵蓋語文教育、鄉土文學、地方文史與民俗信仰等，教授「華人社會與文化」與「中國文化導論」。

提　　要

　　新店溪流域移墾聚落信仰圈文化研究，包含了在地歷史特色與文化資產，透過地理環境特質與開發歷史溯源，探查當地多元族群樣貌，也藉由歷史傳說蒐集與信仰圈慶典活動觀察記錄，探究當地族群的生活型態、習俗信仰與文化特色。新店溪流域移墾聚落的型態及空間分布，與祭祀圈發展成信仰圈的過程息息相關，信仰圈的分布情形，也受早期移墾聚落的分布，以及後來農村式發展的影響。不同族群的地域分布，歷史選擇與發展是必然的因素，而移墾聚落的分布，則與地理特點有關，也影響之後慢慢形成的祭祀圈與信仰圈。

　　新店溪流域多元族群的關係，可從在地域性的民間信仰，例如清水祖師、保儀雙忠、開漳聖王與福德正神等神祇的千秋祭典，以及年度例行的遶境靖鄉與慶典活動，探析原住民、泉州、漳州與客家等族群，彼此的互動與分布情形，進而瞭解因新店溪流域的移墾歷史，所形成的寺廟分布、信仰文化與信仰圈的特色。

　　新店溪流域移墾聚落的多元族群，蘊涵了獨特的在地元素，信仰文化則潛藏了豐富的歷史人文內涵。透過族群歷史與民間信仰研究，進一步瞭解多元族群形成的地方文化現象，所具有的歷史價值與社會意義。

誌　謝

「昨夜西風凋碧樹，獨上高樓，望盡天涯路。」面對歷史發展的不可逆，感受家鄉事物的點滴，思考到地區文化的深層意義，以及個人對土地、歷史與文化的真摯情感與責任，因此在碩士班研讀時，就決定將「關懷鄉土、尊重多元、爬梳歷史、地方文學」，作為個人學術研究的主軸。期許在地方歷史、信仰文化與民風習俗等一系列的研究中，能夠產出新的思維與成果，達到深層的教育目的與社會功能。「新店溪流域移墾聚落信仰圈文化研究」，是個人博士班研究與教學生涯承先啟後的中繼站，統合過去二十餘年來的研究成果，同時也為終身持續的研究工作，補充能量，以及確認接續研究的議題與方向。

「衣帶漸寬終不悔，為伊消得人憔悴。」由自身的成長經歷與生活體驗出發，多年持續的田野調查與查閱文獻資料，加上眾多長者、耆老、士紳、專家與教育工作者熱心的協助，才得以完成多年來的階段性研究工作。「新店溪流域移墾聚落信仰圈文化研究」中，紀錄了鄉土歷史文化，調查了民間宗教信仰，也探討信仰圈的結構，這個研究是一個持續的進行式，未來仍有探究的空間。本論文是長期研究工作的中間點，論文完成後，將是另一階段研究工作的開始。

感謝恩師江惜美教授長期的教導和關懷，不厭其煩辛勤指導十餘年，讓個人在研究工作上，更加篤定與扎實；感謝博論口考委員陳光憲教授、司仲敖教授、陳德昭教授與林于弘教授的斧正、啟發與引導，讓博論內容精益求精；感謝蔡信發教授的鼓勵與對我的信心；感謝楊晉龍教授給我的毅力與決心；感謝楊秀芬老師等人的諸多幫忙；感謝系所裡諸位師長的教導與提點，

博士班修課兩年，使個人脫胎換骨，日益精進；還有感謝同窗譚莉貞老師、許絹惠老師，以及學弟、學妹與同事們，彼此的加油打氣和幫助。田野調查探訪期間，提供眾多寶貴地方文史資料的貴人們，因為有了諸位的支持與熱心相助，親朋好友和家人們的全力支持，才使研究成果得以呈現。

多少個孤燈疾書的夜晚，天地鬼神仙靈關注著我。叩首敬謝諸佛仙聖眾神靈無形的護持與庇祐，讓多年來的研究過程順利進行。「眾裡尋他千百度，驀然回首，伊人卻在燈火闌珊處。」個人慶幸在求學與研究期間，得遇明師指導與益友幫忙。

此生何其有幸，選擇了教學與研究工作。期許自己能夠堅持理想，持續精進，為教育志業奉獻，為人生意義與價值而努力。

黃啓宗　謹識於桃園龜山
中華民國　106 年 6 月 15 日

目

次

表目錄

第一章 緒 論

第一節 研究動機與目的

一、研究動機

　　「雲豹雖小，但擁有大貓的靈魂。」臺灣雖小，但各地方的移民文化、民間信仰與民風習俗，充滿在地主體文化的成分，形體雖小，但靈魂偉大。所以，臺灣整體文化表現出來的特色，是獨一無二的，新店溪流域移墾聚落，所擁有的族群文化特色與信仰關係也是如此。如果能以更正向、宏觀與多元的角度來欣賞與體悟，將現有的信仰文化再創新，發展為更能雅俗共賞、更具公益性質、更有附加價值與社會功能的新信仰文化型態，那麼對於在地住民生活與社會發展，也能有更大的意義與貢獻。

　　寺廟是民間信仰的產物，也是當地居民的信仰中心，更是傳統社會的基礎，與住民社會生活的關係是相當密切的。神明扮演著「長者、諮詢導師、心理治療師、醫師、藥劑師」的功能，寺廟也成了生活中不可或缺的一部分，一個能讓人心靈平靜，心向善念的地方。而祭拜儀式與慶典活動隆重繁瑣，可說是千百年文化的演化結晶，包含宇宙自然觀念、社會倫理規範、宗法習俗制度、家族社會結構等部分，藉祭祀的活動與儀式，以促進住民之間的情感、敦親睦鄰、團結鄉里，加強住民與社會的關係。

　　新店溪流域不同屬性的寺廟，分別具有不同地域的代表性，以及當地人文精神的象徵，對於研究的價值與意義都有正面的意義。此外，寺廟文化、文教和慶典禮儀活動，除了讚美神明、惕勵子孫，頌德自勉之外，還可看出

住民對生活的期待，與在德行、學識、事業、功名等方面的追求，深藏的豐富內涵與濃厚的社會意義。許多的地方歷史故事與傳說，都值得好好的做一番研究，分析其中的文化意涵，探討其中的地方情感，以及先民的思想與傳承。寺廟供奉、祭祀、建築與雕飾彩繪的材料與內容，也都有其特殊的象徵與意義，也是相當值得探討。所以新店溪流域的寺廟，無論在傳統社會文化和文教活動的傳承上，或是鄉土文化的特色上，都居有重要的地位。

　　研究者初步研究，發現許多相關的地方文化研究，以及寶貴文化資產未受應有之重視，例如：新店十四張文化資產「劉氏利記公厝」和「劉氏家廟（「啟文堂」）」，因興建捷運已於民國一百零三年拆除、舊龜山電廠（臺灣第一座發電廠）於民國一百零一年倒塌頹圮、屈尺老街（自強路）拆除、屈尺歧山巖舊廟翻新、瑠公圳整治未如預期、獅仔頭山戰俘營遺址荒廢、隘勇線殘段模糊、諸多古道荒廢失落、古碑隨意風化等。雖然各地文物古蹟和歷史建物，有些部分已來不及搶救，但仍有更多地方文化、民間文學與多元教育，有其存在的價值，因為這是鄉土人文的一部分，也是地方情感與先民智慧永遠的傳承。

　　在鄉土教學上，也有更深入研究開發的需求，因為現今鄉土意識抬頭，推行、倡導鄉土在地教育、在地教養、在地就業、在地樂活，可是屬於鄉土教育一環的相關教學資料，卻顯得不夠豐富，這是很可惜的部分。本論文研究內容雖以「移墾聚落信仰圈」為主，但也論述與研究有關新店溪流域文化教育的部分，包括「地理環境」、「先民移墾」、「原漢關係」、「開發歷史」、「地方故事」、「民風習俗」、「鄉土認同」、「環境教育」與「鄉土教學」這些領域，希望能夠對鄉土教學與學校教育有所助益，讓讀者、學生和住民對地方文化的脈絡、歷史、人物、古蹟、產業、景點等主題，有更清楚的認識，這是本論文研究的動機之一。

　　新店溪流域寺廟數量多是一大特色，過去幾乎所有的地方民俗活動，都是以這些地方的主要寺廟為核心，這也是當地居民最主要的信仰中心，具有不同地域的代表性，以及當地人文精神的象徵。新店溪流域中、上游區域，是屬於進入山區的狹長型河階地形，住民活動範圍受限於高山、河流、耕地面積等影響，經濟發展有限，但寺廟數量相當多，這種現象與地方歷史的關係，潛藏的文化資源，與對地方事務發展的影響，也是本論文研究所欲探討的範圍。不過，在《臺北縣年鑑》、《新店市誌》、《三峽鎮誌》與《臺北縣鄉

土史料（上冊）》等地方相關文獻裡，對本論文研究主題有關的資料並不多，還有許多面向並未記載，期待能彌補此一缺漏，這是本論文研究動機之二。

　　過去的歷史，隨時間持續延伸，以及目前生態的推移，在鄉土人文、文化教育上，有著密切的關聯。例如：過去先人們所熟悉、使用的舊地名，對於住民而言，確實是充滿情感與意義，這是住民生命歷程與地方地理的註腳，所以老一輩的住民，還是習慣在日常言語中使用舊地名。這些在田野調查中逐一記錄的舊地名，經由耆老們口述歷史，可以感受到了住民辛苦奮鬥的過往。

　　新店溪流域的歷史與文化，可由探討地方寺廟及其相關的歷史沿革著手，而寺廟背景源流和地理沿革、地方形成與發展之歷史、故事與傳說、先民的智慧傳承等，都是值得深入挖掘的文化資產。以臺灣的發展史來看，「十大建設」之前，多以農業為主，之後工商業逐漸發達，終至蓬勃的發展，而新店溪流域的發展模式，就如同臺灣的發展史，歷經了過去很長一段時間的農耕時期，在工商業的崛起，經濟不斷的進步下，農耕生活文化已逐漸消逝，進而漸漸被後人遺忘，所幸部分地方寺廟依然存在，保存了一部分珍貴的文化遺產。住民傳統文化，目前已有認同與發展上的危機，企待挽救，也是本論文研究動機之三。

　　新店溪流域如同臺灣早期南北各地開發時，擁有許多移墾聚落及豐富的人文生態，可視為臺灣開發時期的發展縮影，在歷史特質、常民文化、信仰圈分布、信仰與文教關係方面，皆具代表性。例如：研究者家裡有兩個姓，阿公姓林，阿媽姓黃；父親姓黃，叔叔姓林。「黃家墓誌銘」記載如下：

　　　　黃家先祖自福建省漳州府詔安縣二都首段水佳石遷居臺灣。黃石水公及黃余鶯媽定居新店塗潭，次男黃阿桄公與黃張麵媽結婚，生育之兩男早逝，另一女予崁嶺（今詔安街）人作養女。為傳承香火，收養枋寮林阿九公與林黃蘭媽之長女黃有媽為養女，後與新店赤皮湖林雙枝公成婚，遷居新店下城，以零工維生，育兒女黃市子（靜嵐）、林花子、黃雪子、黃文財、廖玉美（予雙城廖福來作養女）、林文龍、林寶玉（幼逝）。黃有媽勤儉持家，任勞任怨且責任心重，因背負傳承香火之責，在世即常叮嚀，往生後要歸黃家香爐，但依古例習俗，卻須從夫家香爐。經再三慎思，為求完善盡孝，遂擇屈尺山明水秀之福地，建黃、林兩座佳城。子孫當飲水思

源世代合作，永遠奉祀不忘祖德！〔註1〕

黃姓先祖自「福建省漳州府詔安縣二都首段水佳石」渡海來臺，遷居臺灣北部，經崁嶺（今日臺北市詔安街）、枋寮（今日新北市中和區）輾轉定居新店區塗潭里。「林家墓誌銘」記載如下：

林家先祖自閩渡海來臺，第一代林撲公、蕭晟媽，第二代林唇公、黃珠媽，傳至林牛廖公〔註2〕、林王招媽，定居新店赤皮湖，育金池公、雙枝公等子。長子金池公遷居烏來哪哮。次子雙枝公則至新店下城，與當地黃阿桷公養女黃有媽結縭，婚約訂定長男隨母姓，次男隨父姓，女兒亦同。育子女黃市子（靜嵐）、林花子、黃雪子、黃文財、廖玉美、林文龍、林寶玉。當時臺灣處於光復初期，生活艱困，夫妻倆以伐木、採茶等零工賺取微薄薪資，含勞劬苦的將兒女扶養成人。黃有媽生前有二願，一是兒女皆能平安長大成家立業，二是辭世後有一處適宜之安息地。故二老一生克勤克儉、含辛茹苦，身後遺留辛勞之積蓄，盼後世為其完成心願。今將先祖靈骨遷於此山明水秀之福地，後世秀子賢孫當慎終追遠，感恩惜福，永不忘祖德！〔註3〕

林姓先祖自「福建省泉州府安溪縣積德鄉新康里馴嶺」渡海來臺，定居新店「赤皮湖（今日新店區塗潭里花園新城社區後山地區）」一段時間，後因生活又遷居烏來「哪哮」（音譯漢字，又記成「吶哮」或「蚋哮」。「蚋」音「瑞」，今日新北市烏來區信賢部落），最後再轉至新店安坑地區（今日新北市新店區下城里）。

研究者從小住在臺北新店安坑下城地區，在這裡出生、成長與就學，常常可以聽到各種不同的語言，閩南語、客家語、華語（「卷舌國語」與「臺灣國語」）與原住民語（烏來泰雅族與花蓮阿美族）等，就閩南語而言，還有漳州腔、泉州腔、金門腔、海口腔與宜蘭腔等不同的口音。阿媽是漳州腔、阿公是泉州腔、隔壁二姑媽家的房客是金門腔、三姑丈是廣東汕頭人、對門的鄰居是苗栗客家人，還有同巷子裡國防部清風園外省籍的軍眷們，以及少數的原住民。二姑媽家的房客來自金門（陳姓），研究者的國中同學（王姓）、

〔註1〕 「黃家墓誌銘」記載資料來源：黃家日治時期戶籍謄本。
〔註2〕 「林牛廖公」之「廖」字，日治時期戶籍謄本實寫作左「口」加右「廖」。
〔註3〕 「林家墓誌銘」記載資料來源：林家日治時期戶籍謄本。

大學同學（洪姓）、教職同事（歐姓，老家臺南安平）、學生和家長（薛姓）也都是來自金門，前新北市新店區大豐國小洪有利校長則是烈嶼人（小金門），他們說話的腔調都特別有韻味，非常細膩好聽。

　　研究者從小在多元多樣的語言環境中成長，耳濡目染，已經不知道自己講的閩南語是什麼腔，也成了多元文化融合的最佳例證。語言環境是如此的多樣性，其他的生活習慣、民風習俗、信仰崇祀等，也是各有異同，豐富而多元。

　　二姑媽家的金門房客一家人，因為是隔鄰而居，接觸較頻繁，因此常從「金門阿姆」口中，聽到一些有關金門的文化和民間文學，例如：「開臺進士」鄭用錫〔註4〕、「開澎進士」蔡廷蘭〔註5〕、「雞頭魚尾」〔註6〕的故事等，都相當有意思。金門，「固若『金』湯，雄鎮海『門』」，也就是福建同安縣浯洲嶼，古稱「浯洲、仙洲、浯江、浯島、浯海、滄浯」等名稱，是知名的「僑鄉」。過去有許多吃苦耐勞的金門人，移民到澎湖、臺灣、新加坡、馬來西亞、南洋諸地等，現今汶萊一些著名的商場名人，也是來自金門。新竹市至今仍留有「金門厝」的地名，新北市板橋區、臺北市中正區和高雄市苓雅區也各有「金門街」。

　　金門島與烈嶼擁有許多移民歷史的建築群，臺灣也有一些建築或會館，可以見證金門與臺灣的血脈相承。在安平（臺南市運河路十三巷十一號，金

〔註4〕《淡水廳志》記載：「鄭用錫（1788～1858年）是臺灣納入清廷版圖後第一位臺灣本土籍進士，有「開臺進士」和「開臺黃甲」之稱。其先祖於明末由福建漳州府漳浦遷至泉州府同安縣金門，祖父鄭國唐再於清朝乾隆四十年（1775年）渡海至臺，居於淡水廳後龍（今苗栗市），乾隆五十三年（1788年）鄭用錫於後龍出生，嘉慶十一年（1806年）遷居至竹塹（今新竹市），咸豐八年（1858年）病逝，享壽七十歲。道光九年（1829年）鄭用錫曾任明志書院山長，咸豐三年（1853年）發生大規模漳泉械鬥，調解並撰寫《勸和論》，為漳泉械鬥史的重要文獻資料。」

〔註5〕《淡水廳志》記載：「蔡廷蘭（1801年～1859年），清朝道光二十四年（1844年）高中進士，有「開澎進士」之稱。道光十四年（1834年）蔡廷蘭主講於臺灣引心書院，道光十七年（1837年）再主講於崇文書院並兼引心、文石兩書院，咸豐九年（1859年）病逝，時年五十九歲。道光十六年（1836年）蔡廷蘭曾於海上遭難飄流至越南，歷劫返回福建後撰寫成《海南雜著》，其書現收藏於國立臺灣圖書館，是相當著名的海南文史資料。」

〔註6〕相傳「雞頭魚尾」的傳說和以前金門先民「落番」有關，如今已成了金門人待客的敬禮，更演變成席間勸酒的方式，因此，在金門雞頭魚尾若朝向你，表示你是受禮遇的主客。

門籍歐厝附近）、鹿港（鹿港鎮金門里金門巷九十二號）與艋舺（臺北市廣州街八十一巷四弄三號，今全稱「艋舺金門館金復興社」，奉祀金門蘇府王爺〔註7〕），仍留有金門會館的古蹟，這三個地方也正是臺灣開發史上最重要的三個口岸，證明了從清康熙二十二年（1683），臺灣入清版圖以來，金門人移往臺灣聚居以北部的艋舺、中部的鹿港和南部的臺南佔多數。臺北新店溪流域也有金門移民在地化的蹤跡，證明金門人靠著自己的努力，在每個異鄉闖出了自己的一片天。

新店溪流域還有一些「福佬客」（河洛、鶴佬、貉獠、賀佬）的族群〔註8〕，在新店安坑四城、五城地區，尚可見多處「客家文物館」和「堂號家族」。最早注意到「福佬客」現象並提出「福佬客」此一名稱者，是前文獻委員林衡道先生。〔註9〕透過先人祖籍、民風習俗與語言特色等方面觀察分析，新店溪流域安坑一帶的許多居民為客家後裔，然而已經「福佬化」，成為「福佬客」（河洛客、閩客），這種現象在臺灣中部彰化員林地區也有。這些民間鄉土多元文化的現象，就是研究者深感興趣的一部分，也是本文探討臺北新店溪流域的社會族群，如何在歷時性的脈絡中交互影響，並隨時間遞嬗，塑造出臺北新店溪流域的獨特性，凸顯其在地主體結構，這也是本研究的動機之四。〔註10〕

綜言之：本論文的研究動機有四。一是補充新店溪流域文化教育的相關資料，對鄉土教學與學校教育有所助益，也讓學生和住民對地方文化的文史脈絡，有更清楚的認識。二是以本論文田野調查、口述歷史研究的相關資料，

〔註7〕 金門蘇府王爺聖誕千秋日為農曆四月十二日，研究者農曆生日，有幸與蘇府王爺同日，因此，特感緣份深遠，研究過程也頗受其益。

〔註8〕 「福佬」一詞尚有「河洛」、「貉獠」、「賀佬」和「鶴佬」等不同的說法。參見社團法人臺灣漢學教育協會秘書長梁烱輝所撰寫的〈「河洛」乎？「福佬」乎？「貉獠」乎？——臺灣閩南語正名〉《鵝湖》第二十八卷第九期（二〇〇三年三月），頁48～53。

〔註9〕 林衡道：〈員林附近的「福佬客」村落〉，《臺灣文獻》第九十五卷第五期（一九六二年十一月），頁73～79。文中提及「福佬客」一詞。「福佬客」乃指某些地區的客家族群，因為閩南族群人口、文化、習俗等相對優勢因素的關係，導致部分或徹底的「閩南化」，在語言上已改用閩南語而不再使用原鄉的客語（因國語推行及母語式微，許多年輕的福佬客和閩南族群，都以國語為日常主要使用語言），在生活文化上，也調整或同化而融合於閩南化之民風習俗。

〔註10〕 黃啟宗：《新店安坑地區寺廟楹聯之研究》（臺北：臺北市立教育大學中國語文學系碩士班碩士論文，二〇〇八年一月）。

彌補散失的地方歷史資料，以及相關地方文獻裡的缺漏。三是及時把握研究契機，挽救地方寺廟保存的珍貴文化遺產，與發展住民傳統文化。四是塑造出臺北新店溪流域的獨特性，凸顯其在地主體結構。期望能從新店溪流域移墾聚落的信仰圈研究出發，對地方文史、產業發展與教育工作做出貢獻，也期盼拋轉引玉，引領出新領域的研究議題。

二、研究目的

　　新店溪流域豐富的歷史人文與信仰文化，以及根深蒂固的成長經歷與生活體驗，讓研究者決定建構在地化理論〔註11〕，以及實際多元應用的研究方向〔註12〕。對於鄉土歷史文化的調查紀錄（人、時、地、事、物）、開拓歷程、發展溯源與內涵探索，是本論文研究的重點。

　　本論文研究的主要目的，旨在分析探討臺北新店溪流域，移墾聚落型態與空間配置，以及信仰圈的分布和慶典活動內涵，再以研究結果嘗試實際多元應用，包括歷史教育、社會教育、文化教育、人格教育與文學教育等方面。研究過程試以歷史文化的角度，探討地方信仰圈及慶典活動，其中所蘊含的教化功能及其文學美感，從分析地理環境（地）、開發歷史（時）、地方故事（事）、民風習俗（事）、文化資產（物）、族群發展（人），再回到信仰圈分布探究（地），進而探討信仰圈的形成，以及寺廟文化所表達的內涵與意義。經前人研究發現，信仰圈與寺廟文化蘊含歷史文化的傳承功能和意義，對社會的教化、民心安定和人格教育的陶冶有很好的效果，而信仰圈與寺廟活動的文史內涵，對於地方文化的傳承，也具有相當大的貢獻。本論文歸納出新店溪流域信仰圈的特色與價值，希望能喚起大家對傳統寺廟文化的重視，同時能將研究成果運用到文化創新，以及文學、鄉土與歷史教育上。

　　探究「地理環境特質」、「開發歷史溯源」、「移墾聚落型態」、「地理空間分布」、「聚落條件選擇」、「信仰圈分布」、「在地慶典活動」與「在地信仰文化」，是在地化理論建構，以及實際活化應用相當重要的一環，因為在不同的地區與不同的種族身上，往往會有不同的地區文化特色，這些各具特色的地區文化，經由人們長期的交流融合，通常會發展成另一股新的文化模式。

〔註11〕「人、時、地、事、物」的綜合、整理、歸納、建構，因「時空因素」而改變，以及族群融合模式。
〔註12〕包括：1、地方產業研究與發展。2、文史協會研究發展。3、遊學經營面向。4、特色課程發展。5、鄉土教學。6、在地文創產業。7、地方總體發展建議。

臺灣的早期移民多數來自福建，移民流動關係密切，在寺廟文化與常民文化傳遞上，因爲「原鄉信仰」、「習俗流傳」與「生活適應」的因素，以及住民爲反映當時、當地的生活環境、民風習俗，往往對信仰、文化、文學或教育內容進行調整，融入廣大民眾的思想、需求和智慧，所以也就產生同一「母題」，卻出現多種「異文」的「變異性」問題。不過，也正因爲如此，才更彰顯出在地性文化、民間信仰及文學作品的豐富性，更能普遍流傳於所有民眾的日常生活之中。

臺灣的移民文化、民間信仰與民間文學，一方面承自大陸原鄉文化的特色，另一方面又因臺灣在地性的因素，融入了在地主體文化的成分，所以臺灣整體文化表現出來的特色，絕對是獨一無二的，臺北新店溪流域所呈現的文化特色與歷史特質也是如此。本論文所要解決的問題，即是希望能完整的研究新店溪流域，在閩、客移民文化領域中的發展及特色，以期提供新店溪流域更詳盡完備的文化資料，於在地理論建構中，達到實際應用的目的，同時提高鄉土在地文化研究的地位與價值，這也是本論文研究目的之一。

對於寺廟、信仰與常民文化的現況及反思，若是過度堅持寺廟、信仰與常民文化的特性主體、意義與價值，雖不能說是抱殘守缺，但多少有著無法與世推移的遺憾。時代在進步，世事在轉移，如果以更宏觀與多元的角度來看，過去與現在的許多改變，也未嘗不是一件好事。若能將舊有的模式和原則，轉變爲更能雅俗共賞、更多功能、作用與附加價值的型態，應是更能符合「活化原則」、「多元應用」、「文化創意」和「經濟效應」，對於住民生活與社會發展也能有更大的幫助和意義，也就更能「隨俗」而得到大眾的瞭解認同。因此，深切期盼本論文研究成果，能夠啓發在地鄉土歷史與文化的多元應用發展，更能成爲幫助他人的利器。例如：與區公所觀光課或市政府教育局、文化局、觀光旅遊局、城鄉發展局、環境保護局合作，結合地方耆老、文史工研究者或熱誠的解說員，編排深度知性學習之旅，讓民眾了解地方特色、傳統民俗與教育文化，抑或是辦理地方文史研習課程，幫助教師也教育學生，以培養愛鄉愛土的情懷，這就是本論文研究目的之二。

本論文研究目的之三，乃希望透過綜合整理地方主要寺廟、諸姓宗祠、各大家族、文獻記載、慶典活動、文教活動等資料內容，再進行現地研究、實地田野調查、攝影與相關重點記錄，以所獲得的基本資料，進行整理分析，再輔以相關文獻資料及訪談記錄，作爲研究之佐證，進而從資料內容分析，

找出在地方歷史上的新意，包含在歷史、文學、文化與人格教育上的功能，以及寺廟與信仰所扮演的角色，及其所能發揮的影響力，希望可提供成為新店溪流域，各地區歷史、文學、文化、鄉土教學活動方面的參考教材。同時，也期望本研究能引發人們，對在地文化更深一層的研究，尤其是針對鄉土認同方面，能有更大的啟發與助益。希望透過探討傳統寺廟與學校，各種文化與教育單位的潛藏價值，發現更多寺廟與教育單位的可利用功能。

　　本論文研究目的之四，乃因為新店溪流域豐富的族群歷史與信仰文化，可結合祭祀圈、信仰圈及慶典活動，將所蘊含的教化功能及其文學藝術美感，內化與外顯的多元應用於人格陶冶與文化、社會教育上。「祭祀圈」和「信仰圈」，都是各族群的移墾先民，以神祇信仰來安定身心，以及團結人群的方式，藉由宗教的祭祀與信仰形式，形成在地性的社會結構與組織。新店溪流域移墾聚落的組織力與社會力量，藉著各種宗教祭典與遶境靖鄉的形式展示出來，這也是族群信仰在社會組織與社會功能方面的助益。本論文希望歸納出新店溪流域族群信仰關係的特色與價值，期盼能持續喚起大家對族群融合、族群尊重、宗教信仰與傳統寺廟文化的重視，同時能將研究成果運用於文化創新、鄉土關懷與歷史教育上，以達到社會功能的發揮。

　　總之，本研究最主要的目的，乃在分析探討移墾聚落信仰圈與慶典文化。因此，將分析探究地方歷史的內容與發展背景，以供探討文化內涵之依據，並根據此研究，試著探究在地性的文化對人格、道德教育的影響，以及最終對人格、道德教育所能提供的貢獻，以及未來教學中的應用。依據所有資料進行整理、分析、歸納，說明當地文化與族群關係，在過去的鄉土風俗、歷史人文中的價值與意義，並以此研究成果與結論為基礎，加上蒐集的龐大資料，進行地方鄉土文化更多元應用的推廣，並針對鄉土人文的關懷，提出可行建議與未來研究之展望。

第二節　相關文獻的探討

　　過去前賢所著的一些與本研究有關的專書、論文、期刊，可約略類分成「閩、客研究」、「信仰習俗研究」與「文山地區族群研究」三方面來歸納探討。

一、「閩、客研究」方面

（一）專　書

　　蕭新煌，潘英海，王甫昌，邱彥貴，李廣均，王宏仁等合著的《臺灣全志——卷三、住民志・族群篇》〔註13〕，闡述臺灣社會的族群關係，探析各族群集體意識的異同與變遷，直接證實新店溪流域移墾聚落的族群消長，也間接證實信仰圈的形成，是其來有自。邵式柏（John R. Shepherd）〔註14〕著，林偉盛等譯的《臺灣邊疆的治理與政治經濟（1600～1800）》〔註15〕，敘述一個在不同統治權的情況下，當時政府對於移墾漢人與原住民，彼此之間的互動狀況，此外也提出臺灣歷史發展的文史架構，討論政府統治政策，以及不同族群的文化互動等議題。研究者於研究中，參用了研究者的部分觀點與資料。

（二）學位論文

　　許泰悠的《臺灣的「閩客」關係——歷史、政治與人口區位之面向探討》〔註16〕，主要是從閩、客在歷史上背景的詮釋、新客家認同、常民生活中的客家意識受到人口比例的影響這三個面向，研究臺灣閩南族群與客家族群的關係，也做了鄉土人文的關懷。吳中杰的《臺灣福佬客分佈及其語言研究》〔註17〕，完整呈現了福佬客及客語使用者的整體分佈狀況，並探討了臺灣閩客族群互動和語言接觸的狀況，做了詳盡的分析。賴閔聰的《員林的福佬客》〔註18〕，研究內容著重在開發史、家族史、祖籍調查、民族成分分析、信仰、民族意識等研究面向，並透過文獻方志以及當地的古蹟碑文、耆老口述、古

〔註13〕蕭新煌，潘英海，王甫昌，邱彥貴，李廣均，王宏仁等合著：《臺灣全志——卷三、住民志・族群篇》（南投：國史館臺灣文獻館，二○一一年十二月）。

〔註14〕美國維吉尼亞大學人類學系教授（美國史丹佛大學人類學博士），研究領域為歷史人類學、漢人與原住民歷史與二十世紀初的臺灣人口學研究，是一名熟悉西拉雅族的西方學者。

〔註15〕John R. Shepherd 著、林偉盛、張隆志、林文凱、蔡耀緯等譯：《臺灣邊疆的治理與政治經濟（1600～1800）》（臺北：國立臺灣大學出版中心，二○一六年五月）。

〔註16〕許泰悠：《臺灣的「閩客」關係——歷史、政治與人口區位之探討》（臺北：東吳大學政治研究所碩士論文，一九九七年六月）。

〔註17〕吳中杰：《臺灣福佬客分佈及其語言研究》（臺北：國立臺灣師範大學華語文教學研究所碩士論文，一九九八年十月）。

〔註18〕賴閔聰：《員林的福佬客》（臺北：國立政治大學民族研究所碩士論文，二○○四年六月）。

文書等史料，探究地區早期的族群分布與關係，豐富的資料與文獻探討的紮實，頗富參考價值，本論文參酌了部分資料。

（三）期刊論文

梁烱輝的〈「河洛」乎？「福佬」乎？「貉獠」乎？──臺灣閩南語正名〉〔註19〕，論述「『河洛』所指即黃河、洛水一帶廣大地區，正是百家姓氏發源之處……」，連橫的《臺灣通史》，也是以「河洛」爲閩南語族的一般稱法，說明臺灣族群的歷史根源與發展過程，對於信仰圈的形成，也有學術上的依據。

韋煙灶的〈兩岸閩客交界地帶族群分布所顯示的地理與語言意涵」之研究歷程〉〔註20〕，脈絡清晰的將閩客族群分布情形，以及交界區域所顯示的文史意涵，做了背景與發展的論證，尤其是族群分布的消長關係，研究者也參用部分資料，引用於新店溪流域閩客族群的移墾聚落與信仰圈文化研究。

二、「信仰習俗研究」方面

（一）專　書

謝宗榮的《土城祀義塚・擺接慶中元：土城大墓公沿革與二〇一二年中元祭典──新北市口述歷史【民俗類】》〔註21〕，記錄說明「土城大墓公」的歷史源流與中元節祭祀的科儀與習俗，由於新店溪流域與大漢溪流域僅一山之隔，兩區域的族群文史與傳統信仰部分，其發展脈絡是息息相聯，藉由本書在民俗文化的歷史探究成果，可推演本論文在民風習俗部分的研究。吳學明與林柔辰合著的《臺灣客家聚落之信仰調查：變與不變──義民爺信仰之擴張與演變》〔註22〕，這本著作是臺灣客家研究專題計畫主題委託案的成果之一，以客家族群義民爺信仰爲研究基礎，運用文獻資料建構信仰發展的背景，歸納義民爺信仰在各歷史階段與聚落住民的聯結過程，探究演變過程

〔註19〕梁烱輝：〈「河洛」乎？「福佬」乎？「貉獠」乎？──臺灣閩南語正名〉，《鵝湖》第二十八卷第九期（二〇〇三年三月），頁48～53。

〔註20〕韋煙灶：〈兩岸閩客交界地帶族群分布所顯示的地理與語言意涵〉之研究歷程〉，《人文與社會科學簡訊》第十五卷第一期（二〇一三年十二月），頁53～59。

〔註21〕謝宗榮：《土城祀義塚・擺接慶中元：土城大墓公沿革與二〇一二年中元祭典──新北市口述歷史【民俗類】》（新北：新北市政府文化局，二〇一三年十月）。

〔註22〕吳學明、林柔辰合著：《臺灣客家聚落之信仰調查：變與不變──義民爺信仰之擴張與演變》（南投：國史館臺灣文獻館，二〇一三年十月）。

「變與不變」的在地化現象，研究者在新店溪流域移墾聚落閩南族群信仰發展的脈絡研究上，參用部分研究資料與方法。

（二）學位論文

李文獻的《臺灣閩客傳統婚禮之研究》〔註23〕，探討了臺灣漢人社會中閩南與客家族群傳統結婚的禮儀，研究其中所蘊含的禮義與文化，將儀節、禮俗與觀念作有系統的呈現，並引用傳統文獻、俗諺、舊契約、實地調查資料等，引用有「活化石」之稱的俗諺四百多則，詳細進行田野調查以取得第一手資料，深具研究價值。陳秀琪的《臺灣漳州客家話的研究——以詔安話為代表》〔註24〕，文中說明了客家族群的產生源自移民及民族的融合，從多元的移民背景孕育了豐富的客家文化，且在日常的用語中，隨處可見飲食、婚嫁、喪葬等文化的蹤跡，將語言的內容與寺廟、信仰、生活及常民之間的關連性，做一個完整的分析整理。邱曉玲的《臺灣高屏六堆客家傳統婚禮之研究》〔註25〕，文中探討從日治時期至二次世界大戰後中期，高屏六堆傳統客家婚姻古禮，同時探究了臺灣高屏六堆的移墾史，以及客家傳統婚俗溯源，對於新店溪流域或其他地區的移墾歷史，皆能做對照研究的參考。李永中的《金門宗廟與居民社會生活之研究》〔註26〕，探討金門宗祠與居民社會生活的關係，與新店溪流域的情況頗為類似，文中說明了金門宗祠分布概況及其特色，並將文化背景、社會基礎作了詳細的追溯，此外亦針對宗祠匾額和聯語的部分做了分析探討，說明楹聯與匾額體現的社會意義，以及文化資產上的價值。

（三）期刊論文

張豐隆的〈淺說道教與中國民間信仰〉〔註27〕，概論道教的發展，以及中國民間信仰與信仰習俗的歷史意義，該論文研究背景的移墾先民從原鄉渡

〔註23〕李文獻：《臺灣閩客傳統婚禮之研究》（臺北：中國文化大學中國文學研究所博士論文，二○○三年七月）。

〔註24〕陳秀琪：《臺灣漳州客家話的研究——以詔安話為代表》（新竹：新竹師範學院臺灣語言與語文教育研究所碩士論文，二○○二年六月）。

〔註25〕邱曉玲：《臺灣高屏六堆客家傳統婚禮之研究》（臺北：銘傳大學應用中國文學系碩士班碩士論文，二○○三年六月）。

〔註26〕李永中：《金門宗廟與居民社會生活之研究》（臺北：銘傳大學應用中國文學系碩士在職專班碩士論文，二○○五年一月）。

〔註27〕張豐隆：〈淺說道教與中國民間信仰〉，《歷史教育》第八期（二○○一年十二月），頁141～167。

海來臺，深受原鄉信仰與習俗的影響，最終發展出儒、釋、道融合一體的在地臺灣民間信仰。簡瑛欣的〈祖廟在臺灣：臺灣民間信仰神明祖廟的權威來源與正統性〉〔註28〕，論述臺灣傳統信仰中「祖廟」與「分香子廟」的關係，以及移墾聚落信仰神明的祖廟權威性與宗脈正統性，再由各聚落廟宇之間的分香、進香、遶境等活動，從中探索廟際網絡與信仰圈之間的關聯性，從區域聚落信仰研究的視野，探究跨時空的族群變遷樣貌與發展脈絡。

三、「文山地區族群研究」方面

（一）專　書

劉還月的《淡水河系人文地景完全閱讀》〔註29〕，此書共分五章節，第一章「地理座標」闡述新店溪流域特殊的九彎十八拐曲流地形，第二章「族群領地」論述淡水河流域源頭的泰雅族人、來自南洋群島的凱達格蘭人、各族群生活圈的文史記載，對於初步瞭解新店溪流域移墾聚落的發展沿革，有其相當的助益。李順仁的《渡過新店溪》〔註30〕由拳山堡文字工作室發行，「拳山堡」〔註31〕就是「文山」地區的舊地名稱法。從文山地區的許多舊地名論述，即可得知研究者對於新店溪流域文史的深刻研究，對於新店溪流域移墾聚落早期的發展過程，以及先民生活型態和交通特色，還有當地族群受地理、地形與環境因素（新店溪源自烏來區境內的南勢溪與坪林地區的北勢溪，在新店雙溪口匯集，由南往北流經新店區，將新店區分隔為東、西兩岸，東岸為主要商業、行政區，西岸為廣大的「安坑地區」，境內多為山區地形，平原地形主要集中在溪流沿岸的狹長平原帶）的影響，而因地制宜發展出來

〔註28〕 簡瑛欣：〈祖廟在臺灣：臺灣民間信仰神明祖廟的權威來源與正統性〉，《思想》第三十期（二○一六年五月），頁 191～209。

〔註29〕 劉還月：《淡水河系人文地景完全閱讀》（臺北：常民文化事業股份有限公司，二○○一年九月）。

〔註30〕 李順仁：《渡過新店溪》（臺北：拳山堡文字工作室，二○○三年七月）。

〔註31〕 拳山堡的地理位置在臺北盆地的東南邊陲，是清朝統治時期至日本統治時期的一個行政區域。清朝光緒二十年（1894）改名為諧音的「文山堡」，取其「文山秀氣」的雅意。日本大正九年（1920）十月一日日本政府在臺灣實施州郡制，文山堡改成為臺北州文山郡，郡役所就設在今日的新北市新店區，轄域為當時的新店街、坪林庄、深坑庄、石碇庄、不設街庄的蕃地（指今日的烏來區），以及今日的臺北市文山區。民國七十九年三月十二日，景美區與木柵區合併成立文山區，但轄區內已不包括昔日郡役所在地新店、坪林、深坑、石碇、烏來等地。

的族群互動模式，以及聚落交流形式，也著墨頗深。

（二）學位論文

　　張瓊文的《土地、社會與國家：新店地區的空間性轉化》〔註32〕，闡述來臺漢人的入墾進程，促使臺灣西部山麓相繼興起一系列的鄉街市鎮群，特別是位處山地與平原接觸地帶的西部山麓鄉街市鎮群，例如：臺北新店溪流域，常成為資源開發與族群衝突問題上的衝突點，這也就是屬於新店溪流域廣大地區的獨特性。黃淑枝的《郊區新社區的形成與居民生活滿意度分析——以臺北都會區的新店安坑地區為例》〔註33〕，文中依據新店安坑地理空間特性，劃分為三區：太平區、新和區及公崙區，以比較方式分析三區及全區居民對生活空間之看法，並以臺北都會區的發展為背景，探討新店安坑地區的發展脈絡，瞭解安坑地區住宅空間的形成因素，同時也調查探究影響當地居民遷移之主要因素，以及再次遷移的傾向分析。

　　詹瑋的《臺北文山地區百餘年來的發展與變遷（1761～1945）》〔註34〕，探討遷臺漢人在文山地區的拓墾情形，以及在移墾過程中，「漢番互動」情形與居民社會生活的關係，包括地方宗族發展變遷和寺廟文化、信仰、祭祀圈的形成，論文中從教育、衛生、生活習慣等面相，探討文山地區的社會變遷與特色，印證與臺灣發展史的相關論述，將「文山地區發展史」與「臺灣發展史」，做了脈絡清楚的融合。王志文的《臺閩同源宗族空間組織差異研究——以臺北淡水河岸與廈門環西北海域地區為例》〔註35〕，研究遷臺先人在大陸原鄉的生活模式，探析「臺閩同源宗族空間組織」的差異點，以及將原鄉的宗教信仰、民俗文化以及各式社會組織，帶來移墾的新居地中。此外，觀察比較「原鄉文化與組織」至「遷臺演化」之後的相異點，探討其導致變遷的因素，以比較兩地間新舊文化差異性。

〔註32〕張瓊文：《土地、社會與國家：新店地區的空間性轉化》（臺北：國立臺灣師範大學地理研究所碩士論文，二〇〇一年一月）。

〔註33〕黃淑枝：《郊區新社區的形成與居民生活滿意度分析——以臺北都會區的新店安坑地區為例》（臺北：國立臺灣師範大學地理研究所碩士論文，二〇〇四年六月）。

〔註34〕詹瑋：《臺北文山地區百餘年來的發展與變遷（1761～1945）》（臺北：國立政治大學歷史學系博士論文，二〇〇二年六月）。

〔註35〕王志文：《臺閩同源宗族空間組織差異研究——以臺北淡水河岸與廈門環西北海域地區為例》（臺北：中國文化大學地學研究所博士論文，二〇〇四年七月）。

（三）期刊論文

詹瑋的〈臺北文山地區拓墾中的族群關係〉〔註36〕與〈清代臺北盆地南緣沿山地帶的開發——以萬盛庄爲例〉〔註37〕，參用了頗多的地方志書、官方調查資料與早期的契約書，以位於臺北盆地東南邊陲的「文山區」爲研究背景，此區域屬於新店溪中游，有支流景美溪匯入。〈臺北文山地區拓墾中的族群關係〉敘述早期漢人拓墾時，在景美溪流域與新店溪流域，從下游逐漸向中、上游拓墾的歷史，以及分析不同族群彼此間互動的情形，包括泰雅族與平埔族、泰雅族與漢人、平埔族與漢人、閩南族群與客家族群、漳州人與泉州人等族群，也探討平埔族各社合併消長的狀況。結論說明泉州人最終成爲文山地區最佔優勢的族群，其次爲漳州人與客家族群。泰雅族在漢文化強勢融合之下，仍能保有領地與部分文化，平埔族則幾乎與漢人同化。〈清代臺北盆地南緣沿山地帶的開發——以萬盛庄爲例〉中的「萬盛庄」，就是位於景美溪中游的移墾聚落，屬於今日新北市深坑區，文中探析的清代時期，臺北盆地南緣山地區域的開發過程，包括瑠公圳的水利建設與水權問題，都與新店溪中、上游移墾聚落的開墾過程相似。

蕭景文的〈清代平溪地域的族群與拓墾〉〔註38〕，在「族群與拓墾」議題上有相當清楚的論述，透過歷史事實的整理，瞭解各族群在面對拓墾衝突時，如何取得土地、分配耕地與引水灌溉，以及如何處理族群之間複雜的問題，這些都是普遍發生在同時代，臺灣各地相同的狀況，又例如清朝時期，臺灣許多山區與平地交界的地帶，就如同新店溪中、上游流域，因官府在治安維護方面，無法確保拓墾先民的安全，因此，聚落、房舍與宮廟等，都會設置一些防衛設施以求自保。

以上豐富深入的前賢論著，對於研究者《新店溪流域移墾聚落信仰圈文化研究》中的諸多問題，包括先民拓墾情形、原漢衝突、地方宗族變遷、寺廟文化、祭祀圈、信仰傳說與文化教育等，皆能有進一步的釐清與印證。

〔註36〕 詹瑋：〈臺北文山地區拓墾中的族群關係〉，《國立政治大學歷史學報》第十八期（二〇〇一年五月），頁167～201。

〔註37〕 詹瑋：〈清代臺北盆地南緣沿山地帶的開發——以萬盛庄爲例〉，《東南學報》第三十七期（二〇一二年七月），頁243～254。

〔註38〕 蕭景文：〈清代平溪地域的族群與拓墾〉，《臺北文獻》第一五三期（二〇〇五年九月），頁39～86。

第三節　研究範圍與方法

一、研究範圍

　　本研究所探討與資料蒐集的地理區域是「新店溪流域」，內容則以「移墾聚落信仰圈文化研究」爲研究主題。本論文選擇「移墾聚落信仰圈」爲議題，將針對「新店溪流域」的涵蓋範圍進行深入的探討。研究面向包含：口傳故事（塗潭大水記事、屈尺原漢衝突、屈尺食人故事、廣興落鼻祖師顯靈記、安坑孝女故事、車子路與剖人埔……）、閩客移墾與漢原關係（獅仔頭山隘勇線、頂城至五城、薏仁坑木柵、屈尺古戰場、廣興甲場埔、雙溪口民壯亭、龜山出草事件……）、傳統家族演進（大坪林劉姓與林姓、安坑吳姓、賴姓與曾姓、屈尺張姓與王姓、廣興吳姓、塗潭黃姓……）、碧潭西岸開漳聖王信仰文化、屈尺與廣興清水祖師信仰文化、文山地區保儀大夫與保儀尊王信仰文化（分靈、分香與結盟）、廣興與屈尺「迎尪公」遶境靖鄉活動、地方獨特慶典活動、新北市的文教建設與未來展望等。希望能對地方信仰文化的變遷、信仰圈的形成、傳統習俗的詮釋、人文美學的啓發、多元文化的學習與鄉土文史教學的推廣有所助益。

　　在一般臺灣的傳統社會裡，民間信仰與寺廟活動，一直都是地方事務、文化與民俗相當重要的載體，從臺灣三百六十八個鄉鎮市區寺廟林立〔註39〕，全年廟會活動頻繁就可看出。寺廟具有歷史價值與文學價值，在文化教育、藝術教育、人格教育方面，也具有相當的重要功能，例如：將寺廟的背景和歷史沿革，或是地方的發展歷史演變，呈現於該寺廟的楹聯、匾額、廟會、藝文活動裡，抑或是運用「信仰圈的影響力」〔註40〕、「結合學校教學活動」、「企業經營管理行銷」等方式，將信仰對文教與地方發展的作用表現出來。

〔註39〕　自中華民國一○一年十二月二十五日起，新北市（由原「臺北縣」改制）、臺中市（由原「臺中縣、市」合併改制）、臺南市（由原「臺南縣、市」合併改制）、高雄市（由原「高雄縣、市」合併改制）等四個直轄市正式成立，原來縣下轄之「鄉、鎮、市」皆改制爲「區」，自此臺灣共有三百六十八個鄉、鎮、市、區（共含一百五十三鄉、四十一鎮、十七市及一百五十七區）。另自中華民國一○一年一月一日起，桃園縣「準用直轄市編制」，但鄉、鎮、市、區名稱並未改變。桃園縣於中華民國一○三年十二月二十五日改制爲直轄市，名稱定爲「桃園市」，成爲臺灣第五個直轄市，原縣轄鄉鎮市一併改制爲區，共分十三區。

〔註40〕　人力、物力、財力及產、官、學、研各界資源。例如：南投紫南宮的龐大財力資源。

審視面對家鄉事物的點滴，思考到地區文化的深層意義，以及對自己土地、歷史源流的真摯情感與責任，因此決定將「探討自己的家鄉」，作為研究的概念主軸，而以「新店溪流域」設定為主要研究範圍，再以「信仰圈」當作研究主題，希望能在「移墾聚落型態與空間配置」（移墾聚落原型、農村式發展型），以及「信仰圈分布」兩方面深入探究，落實建構在地主體、土地認同、地方特色與鄉土關懷。

在研究範圍的地理區域界定方面：新店溪流域可以上、中、下游三個方面來區分，統指淡水河支流新店溪所流穿涵蓋的區域，包含自板橋江翠地區東南方區域，延伸至烏來、坪林區雪山山脈為止的廣大區域。新店溪流域下游區域，泛指廣大平原地區，從新店溪秀朗橋段以下，經新店溪與景美溪交匯口，再至板橋江翠地區與大漢溪匯流之東、西兩岸。新店溪流域中游區域，泛指新店溪離開南、北勢溪深山區域，出灣潭曲流以下，經碧潭至秀朗橋尖山地區。新店溪西岸的大安坑地區屬中游區域，涵蓋舊新店區的內、外五庄與三峽的安坑（小暗坑、暗坑）地區，即今日新店溪以南過三峽區界至成福、橫溪一帶，這些都是廣義的臺北安坑的範圍。

近數十年來新店溪流域的建案開發相當多，許多山坡地都開發成大型社區，所以大多數的人都會認為安坑是位於新店，只有新店有安坑，事實上是新北市新店區與三峽區都有安坑。日治時代安坑庄役場所在地，即今日公館崙、安坑國小一帶，所以狹義的安坑庄，是指以公館崙為中心的新店外五庄核心地區。新店溪東岸則是指新店區主要市中心，涵蓋舊新店區的大坪林庄，以及五峰山、獅頭山下的範圍。新店溪流域中游，為秀朗橋尖山過碧潭段再至屈尺雙溪口（南勢溪與北勢溪匯流處），主要移墾聚落有青潭、大崎腳、灣潭、直潭、塗潭、赤皮湖、屈尺、廣興等。新店溪流域上游經過屈尺雙溪口以上的區域，二分為南勢溪和北勢溪，沿南勢溪上溯可至烏來、忠治、孝義、信賢與福山等部落，沿北勢溪上溯則至四崁水、石碇、小格頭與坪林地區。

本論文研究採新店溪流域上、中游區段為研究範圍，因為過去北二高和五號高速公路（蔣渭水高速公路）尚未興建完成之前，從新店文山地區要到三峽，都利用新店的安康路與三峽的安坑路（一一○市道）的交通，到坪林則須走北宜公路（臺九線），所以本論文圈定此區域，進行新店溪流域的移墾聚落歷史、族群文化與信仰圈研究，包含住民早期生活事蹟與現今的狀況，透過田野調查之見證及史料的搜集，省思維護家鄉史蹟的重要性，進而觸發愛

護鄉土的情懷，並且予以行動實踐。

圖一、新店溪流域衛星圖〔註41〕

〔註41〕 參考引用 Google 地圖，搜尋日期：二〇一七年四月十二日。本論文中所附之
參考圖，因受版面範圍而有所限制，建議讀者可依所附網址查閱，依所需尺
寸比例與清晰度，隨意放大及縮小。網址：https://www.google.com.tw/maps/@24.
980892,121.4914084,21685m/data=!3m1!1e3?hl=zh-TW

圖二、新店溪流域街道圖〔註42〕

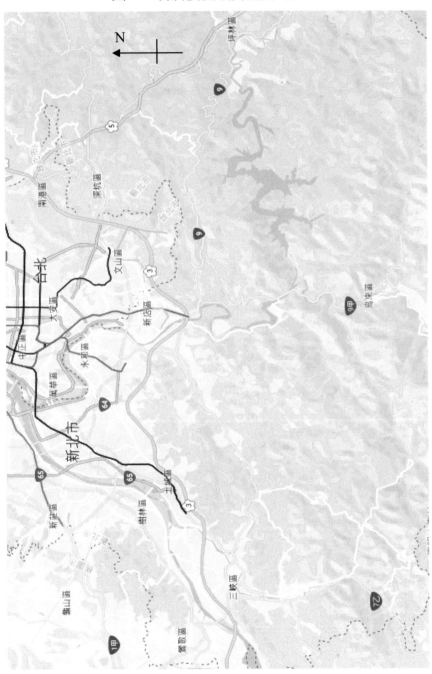

〔註42〕參考引用 Google 地圖，搜尋日期：二○一七年四月十二日，網址：https://www.
google.com.tw/maps/@24.9633146,121.5580382,11.53z?hl=zh-TW

　　新店溪所流穿涵蓋的地理區域範圍，寺廟密度相當高，大小寺廟都有，屬性包含道教、佛教、一貫道、民間信仰、自然泛靈崇拜等，此外，還有數量頗多的家居式的佛堂、齋堂、宮廟、神壇，以及一般常見的土地公廟和有應公廟。在過去物質生活條件普遍欠缺、經濟收入狀況明顯不足的時代，多數百姓庶民的生活，實在也沒有多餘的能力，可以讓孩子們從事需要花費金錢的休閒活動，而寺廟就是一個好地方，同時也是一個很重要的地方。平時，孩子們可以利用寺廟廣場或複雜的建築結構空間玩遊戲，慶典時，還可以欣賞演出，參與活動。

　　新店溪流域隨處可見的大小寺廟，是研究者關注的重點，尤其是縱貫新店安坑與三峽安坑（小暗坑）地區的安康路、成福路與安坑路，以及沿著新店溪上溯的新烏路，全長都只有十多公里（一一○市道及臺九支線），但寺廟數量繁多，密度比率相當高，尤其是「土地廟群」和「有應公廟」（萬應公、萬善堂、百姓公、百姓爺、大墓公、大眾爺），平均大約二百五十公尺就有一座，與民眾的日常生活息息相關。這種現象與地方歷史的關係、潛藏的文化資源、地方事務發展的影響，正是研究者所亟欲研究探討的，故將此領域作為研究探討的範圍。

　　在研究範圍的內容界定方面：本論文研究內容包含「環境與歷史特質」、「移墾聚落型態與空間配置」、「信仰圈分布」以及「信仰圈慶典」之探究等面向，透過臺北新店溪流域開發史與移民關係、移墾聚落的演變與住民成分分析、主要姓氏家族史、寺廟與宗祠調查、宗教信仰、常民文化、風俗習慣以及種族意識等標的，研究口傳故事、閩客移墾、傳統家族演進、地方文化資產、開漳聖王信仰圈、清水祖師信仰圈、雙忠崇寺信仰圈以及千秋祭典、「迎尪公」繞境靖鄉、過火淨身、慶典活動等項目，對新店溪流域的信仰圈形成，以及常民文化、民風習俗，進行全面的剖析。此外，也針對新店溪流域各大移墾聚落發展、主要代表寺廟、信仰圈的歷史源流及形成模式、信仰文化的功能及運用形式、對文化教育的影響等項目，進行分析研究。

　　基於在地化的理論建構，以及實際多元應用，本文將探討新店溪流域，自清乾隆前葉漢人入墾以來，水資源的分配與取得，以及原漢衝突的問題，進而如何演變發展出，拓墾社會的資源競爭模式，形成在地文化和在地意象。清乾隆時期，探究在地的歷史與地理背景，似乎是缺乏政府有效的積極管理，因而住民自然發展出，充滿在地元素的農業拓墾集體行為模式，所以新店溪

流域具有獨特的社會空間單元，表現在異於他地的舊地名，例如：新店區的頂城、下城、頭城、二城、三城、四城、五城、碧潭、青潭、灣潭、直潭、墢潭、廣興、屈尺等。這些頗具在地特色的特殊地名，都有其歷史、地理、人文與文化的深意，在三峽成福里，甚至還存有「福坑」和「福建坑」的地名，闡釋了原鄉情懷。在移墾的過程中，不論是遇到自然環境的限制，還是族群的衝突，均能透過群聚的社會組織來處理，以保障住民生產，以利其生存。

由於新店溪流域地理位置與腹地合宜，因此沿著山邊的地帶，便成為吸納平原區多餘人口的區域。同治年間之後，臺灣開始拓展茶業貿易，新店溪流域許多土地，由稻作轉為茶園，直至目前為止，在木柵、坪林、屈尺、雙城至五城及三峽安坑地區，仍有許多茶園風光可欣賞。著名的文山農場位於屈尺新烏路旁，發展成有名的休閒文教園區，提供學生校外教學及假日遊學課程，也提供一般民眾休憩旅遊。

近幾年來，熱門的螢火蟲復育與賞螢活動，也在這些區域推廣和發展，屈尺國小、文山農場、「和美山」及「美之城」社區、建安國小等，都是著名的賞螢地點。三峽的「白雞」、溪南、溪北、成福、安坑、竹崙等，更是有名的茶葉產區，在民國九十五年，「天下茗茶」大賽中，獲得「紅茶組金牌獎」的「小暗坑紅茶」，就是由安坑里社區，一起共同開發出來的當地特產之一。以前這些地方的茶葉要銷往新店、臺北，甚至於宜蘭地區，都要利用目前貫穿新店三峽地區的「一一〇市道」（新店安康路和三峽安坑路）。

清光緒二十一年（日本明治二十八年、一八九五年）臺灣由日本接收統治，新店與三峽許多山區，因而成為北臺灣抗日勢力的重要據點之一。總督府平息抗日活動後，透過各式全面性的調查工作，開始開發許多介於平地與山地之間的山麓地帶，使之成為殖民統治，以及山林經濟利益的入口。臺北新店溪流域的土地資源，隨著農田化、茶園化、礦場開發、殖民主義、遊憩發展與沒落等歷史歷程，由平原至沿山邊丘陵開發，再由山邊區域伸向山林叢野，其住民結構與社會組織也隨之持續轉化。本論文將深入探究，以釐清新店溪流域的發展脈絡，瞭解新店溪流域住民居住空間的形成因素，尤其是屬於新店溪中、上游區域的樣態，落實建構「在地化的理論」與「實際多元應用」的兩大面向。

本論文除了探討新店溪流域與福建早期的移民流動關係，也分析原住民

族、閩南移民、客家移民與後期新住民，遷入的自然地理與人文歷史因素。臺灣北部的開發，從十八世紀以來，來臺的漢人多數爲福建、廣東沿海各地，入墾由平地漸漸推移到山邊地帶，促使原本還是蠻荒的山邊，相繼出現群聚的街道。這些群聚的街道，也成爲漢人深入山地的開墾據點。在生活資源的競爭下，山區原住民族和漢人族群，不可避免的會爆發衝突。

三峽安坑里在清朝中葉道光年間，由福建泉州安溪人翁添，招募「翁、洪、江、汪、方、龔」等姓親族移民臺灣開發，大量開山墾荒，種植大菁與茶葉等作物，並組成了「金聚成」墾號，而翁姓的墾首，帶來不同姓氏的移民，許多人家的堂號都寫著「六桂堂」，這也是三峽安坑地區相當獨特的「自閩移民現象」。金門縣金寧鄉盤山是翁姓聚落，還有相當著名的翁氏宗祠，都和「六桂堂」、「六桂詩」有關。所以從閩南移民至金門，再從金門移轉到臺灣的臺北大安坑地區，漢人先民移民、移墾的歷史，也是相當有趣且值得進一步研究的。

來臺漢人之中，有閩籍與客籍的問題，即使同是閩籍，也有漳州與泉州的區別，甚至新店溪流域還有「福佬客」（河洛客、閩客），因此，臺北新店溪流域的文化背景多元，其風俗習慣、日常作息、社會規範、慶生婚嫁和喪葬禮俗等，也會有所差異。傳統住民習慣農業社會生活模式，更以農民曆作爲歲時休養生息的依歸。深究探討新店溪流域移墾聚落社會的演進，才能歸納出移墾聚落型態與其空間分布，了解諸神明信仰圈的背景與精神內涵。

圖三、新北市三峽區小暗坑休閒旅遊地圖〔註43〕

〔註43〕 參考引用新北市三峽區公所：〈觀光導覽地圖〉,《新北市三峽區公所》（二○
一七年四月）,搜尋日期：二○一七年四月十二日,網址：http://www.sanxia.ntpc.
gov.tw/content/?parent_id=10047&type_id=10026。

圖四、新北市三峽區小暗坑休閒旅遊產業簡介圖〔註44〕

〔註44〕 參考引用新北市三峽區公所：〈觀光導覽地圖〉，《新北市三峽區公所》（二〇
一七年四月），搜尋日期：二〇一七年四月十二日，網址：http://www.sanxia.ntpc.
gov.tw/content/?parent_id=10047&type_id=10026。

二、研究方法

本論文「新店溪流域移墾聚落信仰圈文化研究」的範圍涵蓋「移墾聚落、族群、信仰圈」，因此，為避免研究架構過度分割，導致產生研究局限，故著重在「時間、空間、人群、活動」四項要素，強調跨領域整合與多元角度解釋的觀點。研究方法以歷史時間為縱向，以移墾聚落型態與空間分布為橫向，綜合地方人群與活動發展脈絡，多向度印證重要寺廟、祠堂、古蹟、歷史地點與事物。透過實地田野調查、攝影與相關重點記錄，以所蒐集的資料，進行整理分析，輔以相關文獻資料及訪談記錄，來作為本論文研究的佐證，爬梳歷史結構與地方發展的關係。

研究者針對所蒐集的材料，在內容與形式上做深入的探討，期望能驗證移墾聚落與信仰圈的關聯，並有助於相關主題的後續研究。因此，本論文研究的主要研究方法與步驟，將以文獻探討法、歷史研究法及訪談調查法三個部分進行。

（一）文獻探討法

本論文研究的首要研究步驟，乃是先輯錄新店溪流域各種歷史文獻資料，以作為研究的理論基礎，針對研究範圍內的歷史證物與文物，以文獻探討的方式，依其內容加以整理、分析與歸納，再彼此互相參證、比較，進行考證研究，以做為本研究的依據和理論架構。此外，在文獻資料中，探尋且釐清寺廟沿革、地方歷史發展、宗祠事務與先民生活的關係，以多元的角度，探究現今住民與歷史文化的關係，且探討其展現的文化意義與美感呈現，並提出這些文化在目前鄉土、人文教學應用上之適切性。

文獻資料除專書、論文期刊和報章雜誌外，地方志、現存文物，都是本論文探究的對象。研究者研讀清朝時期與日治時期的官方資料，找尋《三峽庄誌》〔註45〕、《臺北縣年鑑》〔註46〕、《新店市誌》〔註47〕、《臺北縣鄉土史料（上冊）》〔註48〕、《新店市志》〔註49〕、《續修臺北縣志》〔註50〕等地

〔註45〕蘇欽讓編纂：《三峽庄誌》（臺北：三峽庄設場，一九三四年二月）。

〔註46〕劉如桐、林佛國主編：《臺北縣年鑑》（臺北：臺北縣文獻委員會，一九六七年七月）。

〔註47〕新店市誌編纂委員會：《新店市誌》（臺北：新店市公所，一九九四年二月）。

〔註48〕臺灣省文獻委員會採集組主編：《臺北縣鄉土史料（上冊）》（南投：臺灣省文獻委員會，一九九七年七月）。

〔註49〕中華綜合發展研究院應用史學研究所總編纂：《新店市志》（臺北：新店市公

方文獻中的相關記載，再參閱前賢與本論文研究有關的專書、論文與期刊，例如《臺灣全志──卷三、住民志‧族群篇》、《臺灣的「閩客」關係──歷史、政治與人口區位之面向探討》、《土城祀義塚‧擺接慶中元：土城大墓公沿革與二○一二年中元祭典──新北市口述歷史【民俗類】》、《淡水河系人文地景完全閱讀》、《渡過新店溪》、《土地、社會與國家：新店地區的空間性轉化》、《臺北文山地區百餘年來的發展與變遷（1761～1945）》、〈兩岸閩客交界地帶族群分布所顯示的地理與語言意涵」之研究歷程〉、〈祖廟在臺灣──臺灣民間信仰神明祖廟的權威來源與正統性〉與〈臺北文山地區拓墾中的族群關係〉等，分成「閩、客研究」、「信仰習俗研究」與「文山地區族群研究」三個種類來分析、研究與整理，進行新店溪流域移墾聚落的信仰圈論證。

（二）歷史研究法

本論文研究的重點，乃是進行實地田野調查、考察及訪談，針對歷史標的一一登錄，並拍攝及製成圖表，進行探索。歷史標的採繪製位置、圖片，置於附錄中，以供參考。歷史文物與建築物，除了著錄之外，將進行詳細、深入的考證研究，以彌補文獻資料的不足。

研究過程中的重點，有一部分以田野調查為主，以文獻資料探究分析與訪談紀錄為輔。在論文中將呈現所攝影、抄錄、蒐集的寺廟與各式活動資料，將所蒐集的內容做一分析探討。其中包括：寺廟、信仰與文教活動的資料，寺廟位置、內容、代表精神等，整理成表格形式，以便於參考。此外，綜合整理、歸納出相關研究結論，尤其在「信仰圈分布研究」部分，會做較深入的分析探討。本論文期望能針對在地主體結構的問題，以早期閩、客移民在臺北新店溪流域的整體分布，做一全面性的考查和釐清，並將發現和研究的結果，詳盡陳述。研究中，將透過實地田野調查，確認地方文獻資料，是否經時空因素而有所改變，並試圖發掘前人未曾發現的研究方向，以求建立新店溪流域住民分布情形的全面性資料，這也是本論文所期望達成的主要目的之一。

（三）調查訪談法

本論文研究的另一研究重點，即是在田野調查時，同時進行與地方者

所，二○○六年二月）。
〔註50〕張勝彥總編纂：《續修臺北縣志》（臺北：臺北縣政府，二○○七年八月）。

老、仕紳的訪談記錄，做為「文獻探討法」與「歷史研究法」的印證和延伸的基礎，也對文獻記載資料與現今歷史資料，進行參證比較與實地考證，增強本研究的論證依據。

　　關於新店溪流域住民的信仰分析，除了漳州籍先民最常祀奉的開漳聖王、安溪籍先民奉祀的清水祖師，與客家籍先民的守護神三山國王之外，還有諸佛菩薩、媽祖、關聖帝君、三官大帝、三奶夫人、三太子、保儀大夫、保儀尊王、福德正神與有應公等信仰。本論文希望透過田野調查，採錄並進行族群風俗、族群信仰等面向的探究，找出特定信仰圈與各族群的連結關係，釐清具有特定族群屬性的鄉土神或家族神信仰。

　　上述這些研究面向，與地方耆老與士紳的訪談，會有極大的助益。對於新店溪流域宗教祭典活動，按照姓氏排列輪值的現象，本論文也將進行深入訪談與探究，作為族群開發史溯源的一項重要參考資料。請參閱：「附錄 2-1、新店溪流域歷史傳說與口述故事訪談表」。

　　總而言之，本論文旨在研究新店溪流域移墾聚落型態，以及信仰圈的分布、形式、內涵、價值與其影響，藉由實地調查和資料蒐集（訪談、攝影、錄像），將文史資料一一登錄。本論文參照前人研究與相關文獻，就內容加以整理、分析、歸納，呈現出新店溪流域移墾聚落型態，以及信仰圈的特色。透過地方文獻方志、寺廟楹聯匾額、歷史碑文、耆老訪談和前人研究等史料，探究新店溪流域早期的族群分布與關係，以及拓墾開發史。在實際訪談與田野調查上，除了蒐集相關資料、釐清姓氏來源脈絡之外，還參考新店溪流域的地方志，進行地方家族與開發歷史的溯源。

　　再者，由於歷史、政治、經濟種種發展的變遷，導致許多寺廟多已毀壞或未能好好保存，抑或是歷經多次改建，而使得「原廟」與「原貌」已不復存，如今只能就現地所見之樣貌及資料，加以蒐集研判，這部分則輔以文獻探討，盡量做到詳細之考證。雖然有些寺廟和歷史資料，無法做到「歷史連貫」，然大抵上不會影響所欲探討的族群文化主題。

　　依據文獻探討、相關書籍研究、實地田野調查、訪談資料，以及其他資料的整理、分析、歸納後，期望其內容對歷史文化、人格教育與文學應用上，都能具有保存的功能，並彰顯過去鄉土風俗、歷史人文中的價值與意義，重新發掘地方在地文化，在現今的新定位，讓在地的獨特文化，能普及深化於大家的日常生活中。最重要的是，希望能讓大家有所了解、肯定自己家鄉的歷史、風俗、人文，進而達到對鄉土人文與周遭事物的關懷。

第二章　新店溪流域環境與歷史特質

　　本章節探討新店溪流域與閩、粵早期移民的流動關係，也分析原住民族與閩、粵族群，以及後期新住民遷移的地理環境與人文歷史因素。新店溪流域的環境與歷史特質，是研究新店溪流域移墾聚落信仰圈的基礎，也是當初先民們進入新店溪流域，所必須面對的環境問題與歷史挑戰。本章節共分成「新店溪流域地理環境特質」、「新店溪流域開發歷史溯源」與「地方歷史傳說」等三大面向，進行鋪陳與論述，包含：新店溪流域定義、新店溪上、中、下游的龜山、雙溪口、屈尺、廣興地區、碧潭東、西兩岸、新店、大坪林、景美、安坑外五庄、安坑內五庄等區域。

第一節　地理環境特質

一、新店溪流域定義

　　新店溪全長約八十二公里，整個流域位於臺北盆地東南端，泛指淡水河支流新店溪所流經的廣大區域。下游由板橋江子翠地區，向上游延伸至烏來區與坪林區雪山山脈為止，面積計有九百零九點五四平方公里〔註 1〕，為淡水河南方流域中游與上游的主要範圍。新店溪流域以上游、中游及下游三個區塊來界分。上游流域包含從屈尺里雙溪口以上的區域〔註 2〕。新店溪上游

〔註 1〕參閱「水利署第十河川局」資料，搜尋日期：二〇〇四年七月十五日，網址：
　　　　http://www.wra10.gov.tw/ct.asp?xItem=44403&ctNode=30788&mp=10
〔註 2〕雙溪口因南勢溪與北勢溪匯流處而得名。新北市坪林區也有一個「雙溪口」，

溪流南北分流，主要溪流左、右二分為南勢溪（上游為大羅蘭溪、阿玉溪與桶後溪）和北勢溪（上游流經坪林與翡翠水庫集水區）。

圖五、新北市烏來區衛星圖〔註3〕

此地是灣潭溪與北勢溪的匯流處，形成一處較寬廣的潭水區，俗稱「三水潭」。兩溪交會處的地方水文較複雜，易有事故，當地住民常設廟宇祭祀，新店雙溪口有「民壯亭」、「下文山清水祖師」與「觀心佛堂」，坪林雙溪口則有「福德宮」。

〔註3〕 參考引用 Google 地圖，搜尋日期：二〇一七年四月十二日，網址：https://www.google.com.tw/maps/@24.8652718,121.5597299,21415m/data=!3m1!1e3?hl=zh-TW

圖六、新北市烏來區街道圖〔註4〕

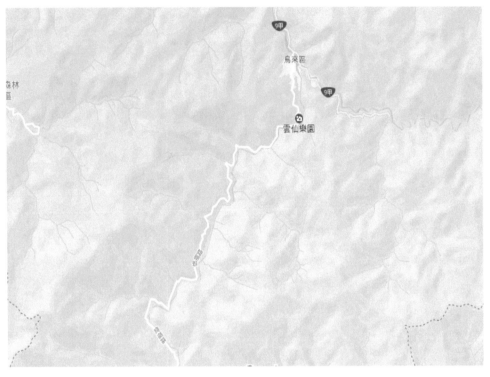

　　新店溪上游流域為山地地形，河流兩岸山巒起伏，峽谷部分雄偉壯觀。南勢溪發源於宜蘭棲蘭山，流經福山、信賢、孝義、烏來與忠治等部落，最終流入龜山里；北勢溪從屈尺雙溪口上溯，可經翡翠水庫至四崁水、石碇、小格頭與坪林地區。

　　新店溪中游區域，指屈尺雙溪口以下，包含屈尺、赤皮湖、小粗坑、廣興、塗潭、直潭、灣潭與大崎腳等移墾聚落，再經青潭至碧潭，此區域最具特色的地形地貌，就是曲流地形與河階地形。河流呈現清晰明顯的「S型」彎曲走向，屈尺移墾聚落與廣興移墾聚落，即位於「S型」曲流的頂端處，兩聚落分處新店溪左右兩岸。新店溪流域下游區域，泛指新店溪流經新店碧潭，最終通過吊橋與水泥大橋，從此地開始，即流出山區地形（以碧潭大橋為界），進入廣大的東、西兩岸平原區域。新店溪由碧潭經新店、秀朗橋尖山地區，再經景美地區新店溪與景美溪（上游流經木柵、深坑與石碇）的交

〔註4〕 參考引用 Google 地圖，搜尋日期：二〇一七年四月十二日，網址：https://www.google.com.tw/maps/@24.8396519,121.5373738,12.53z?hl=zh-TW

會口、萬隆和公館，最終流至板橋江子翠，與北側大漢溪（上游流經土城、樹林、三峽、鶯歌與桃園大溪）匯流，形成大淡水河前進至淡水出海。俯瞰整個新店溪流域，山區地形爲最主要的部分，約佔整個流域面積的百分之八十九〔註5〕。

二、屈尺與廣興地區

　　屬於新店溪中游起端的「屈尺」地區〔註6〕，原名稱「曲尺」與「窟石」，以及古地名「雙溪口」，此三種命名都與地理環境特質有關。「曲尺」的名稱，乃是因爲新店溪流經此地區，突然進行了一百八十度的轉彎走向，河流形狀有如英文字母「S」的形狀，又有如一把彎曲的傳統木匠用尺，因而取名。後來「曲尺」因音近及傳寫有誤，遂成「屈尺」；「窟石」的名稱說法，乃是因爲此區四周山脈環繞高聳，中間河階臺地較低平，新店溪於山谷下方蜿蜒流過，形成四周爲山脈（二龍山、屈尺山、菜刀崙山等諸山），中間爲盆底的碗狀地形，且又因亙古以來，河流長期沖刷，遍布大小石塊的地理環境特色，故名之。之後又因「窟石」的閩南語發音，與「屈尺」的閩南語發音相近似，訛傳及誤記，故終易字而得名「屈尺」；屈尺曾有「雙溪口」古地名的說法，因爲地理位置的關係，屈尺移墾聚落距離今日的雙溪口地區只有約零點五公里，雙溪口聚落目前行政區域劃分隸也屬於屈尺里。

　　「屈尺」的第四種名稱由來，起源於爲漢人先民進入該地區拓墾前，該地區是泰雅族原住民「屈尺社」部落〔註7〕，居住與活動的範圍。因此，便以原住民「屈尺社」的該地音譯稱呼。

　　屈尺聚落裡有一座「岐山巖清水祖師廟」，位址就在移墾聚落區域內的「城仔」裡〔註8〕，奉祀由艋舺（萬華）祖師廟，分靈而來的清水祖師（福建泉州安溪的守護神）。根據「拓建屈尺岐山巖清水祖師廟記」的記載：

　　　　屈尺位於文山南偶，昔此草萊未辟，人跡罕至。迨遜清咸豐辛
　　亥年（1851年）有從福建安溪移台拓殖之林、劉、王、張、周等姓

〔註5〕參閱「水利署第十河川局」資料，搜尋日期：二〇〇四年七月十五日，網址：http://www.wra10.gov.tw/ct.asp?xItem=44403&ctNode=30788&mp=10。
〔註6〕行政區域爲新北市新店區屈尺里。
〔註7〕「屈尺社」過去以「屈尺番」和「屈尺番社」稱之，是不尊重多元族群的說法，現今皆已更正。此外尚有「馬來番」的說法。
〔註8〕「城仔」與對岸的廣興「城上」地理形式相類似。

先民，偕臨視愛其山迴水，然人境所美。率子弟及他族隨攜之清水
祖師香信，置案虔奉，自是人健歲豐，日久蕃衍，儼然成莊。越十
一年間同治壬戌（1862 年），而由艋舺清水岩祖師廟分靈設位以供
奉祀，以爲造廟之始，惟神明正直，護境庇民，日益靈應。〔註9〕

　　闡述屈尺的地理環境，與「屈尺岐山巖清水祖師廟」由「艋舺清水岩
（巖）」，分靈而來的沿革。「岐山巖清水祖師廟」爲型制完整的二進式傳統廟
宇建築，左有鐘樓，右有鼓樓，前有巍峨的山門與寬廣的廟前廣場。值得一
提的是，岐山巖廟前城仔，仍保存著一處遺跡，就是過去防範泰雅族原住民
來犯的槍銃屋。屈尺聚落地勢較低漥，但是城仔的區域是地勢相對較高的地
方，在先民拓墾時期，四周圍曾種植大批刺竹林，以作爲防禦措施，形成一
個守勢的「城堡」型態，以防禦泰雅族原住民與盜匪的擾襲。

　　由「城仔」沿頂石厝路，下坡直往「水尾」，這是屈尺聚落地勢最低漥
的地區，旁邊就是新店溪畔。仰望「城仔」方向，長長的斜坡旁，佇立一棵
已存活數百年的「九丁榕」，旁邊「城仔」的高聳邊坡上，就是當時漢人先
民與泰雅族原住民，激烈衝突的古戰場，驚悚殘酷的傳說故事至今還流傳著
〔註10〕。

　　南勢溪與北勢溪匯流處東岸的「雙溪口」，行政編制上也是屬於「屈尺
里」。由於地理客觀因素影響，通常兩溪交會處的地方，水文變化較複雜，
容易有意外事故發生，因此，當地住民皆會建相關寺廟祭祀，雙溪口就有「民
壯亭」、「文山清水巖」（又名「下文山清水祖師廟」）與「觀心佛堂」等寺廟。

　　隔著新店溪，屈尺移墾聚落（右岸）的對岸，就是廣興移墾聚落（左岸）。
「廣興」地名的由來也與地理環境特質有關〔註11〕。廣興地區在清朝統治時
期稱爲「廣興庄」，但當地住民流傳下來的舊地名是「甲場埔」（或稱「校場
埔」、「絞刑埔」）。舊地名的緣由，是因爲在廣興河階地上，有較爲廣大平坦
的「埔地」，且曾經被使用於軍隊教練場和刑場（絞刑埔），後來清朝甲午戰
爭戰敗，轉換成日本統治臺灣時，認爲「甲場埔」，名稱欠文雅，遂改名爲

〔註9〕抄錄自「拓建屈尺岐山巖清水祖師廟記」。
〔註10〕此類漢人與原住民衝突傳說故事，多爲訪談蒐集當地耆老與士紳口述故事整
　　　　理而成，訪談人包括林雙枝先生、黃有女士、高清流先生、林鑫政先生、潘
　　　　正成先生、張俊仁先生、陳錦隆先生、莊英貴先生、陳劍龍先生、溫集進先
　　　　生、許淑眞女士、金秀汶女士、黃姿蓉女士（易媽媽）、張孫誠先生、張金武
　　　　先生的阿媽、張凱富先生的阿公等人。
〔註11〕「廣興」爲新北市新店區廣興里。

「廣興」至今。此區域當時同屈尺地區一樣，也是屬於泰雅族原住民的傳統活動區域。

「廣興」地名的由來，雖然也有好幾種緣由，但一般較認同的說法，乃是與最早開墾廣興地區的漢人先民，大多屬於廣東省籍有關〔註12〕。廣東省籍先民，為求瑞兆，期許開墾順利，以榮歸故里，所以將地名取為「廣興」，兼取不忘本之意〔註13〕。此外，又因廣興地區是安溪拓墾先民人在新店溪流域最後移墾的地域，所以曾經名為「頭城」，與對岸的「二城」（屈尺）相對望，不過此種地名因已久遠，已較少人知道。

粵籍先民之後，福建泉州族群先民在廣興地區，選擇一處靠近新店溪畔，地勢較高的小山丘建房而居，以抵禦原住民與盜匪侵擾，逐漸建設成防禦性的移墾聚落，然後依其地勢及外觀形貌，取名「城仔」。廣興「城仔」正好與新店溪對岸的屈尺「城仔」，名稱不謀而合。現在廣興的當地人，除了「城仔」的說法之外，還有稱呼「城仔」為「城上」的另一種說法，乃因「城仔」地形壟起，地勢比四週平原田地及溪流都較為高之意。

最初廣興移墾聚落主要位於「城上」，其地理形式與新店溪對岸的屈尺「城仔」相類似，同樣是地勢相對較高的地方。不過，廣興「城上」其形勢較屈尺「城仔」更為險峻，因為廣興「城上」臨新店溪的一側，即是巍然聳立的斷崖。在先民拓墾時期，四周圍除了種植大批刺竹林當阻隔設施之外，還有石砌高牆作為防禦設施，儼然就是一座易守難攻的「城堡」。因而可以想見，當時泰雅族原住民與盜匪的侵襲，對當時拓墾的漢人先民，所造成的威脅與傷害是多麼的嚴重。

廣興地區還有一條新店溪的支流，名為「平廣溪」〔註14〕。平廣溪溪的上游稱之為「平廣坑」，顧名思義，當地為山地峽谷地形，與新店安坑地區內五庄的地形相似。平廣坑與安坑這兩個地區，在地理位置上，也是僅隔數座小山而已，由衛星圖觀看即可清楚得證。平廣坑由於受地形限制，河川峽谷

〔註12〕目前當地住民亦直接稱呼其為「客家人」，以「溫姓」及「彭姓」為代表，但多已「閩南化」而成為「閩客」（福佬客、河洛客）。

〔註13〕全臺灣以「廣興」為地名、路名與校名的地方非常多，僅統計「廣興國小」就有八個縣市有同樣的地名與所在學校（新北市新店區（屈尺國小廣興分校）、桃園縣八德區、宜蘭縣冬山鄉、彰化縣二林鎮、南投縣鹿谷鄉、雲林縣西螺鎮、高雄市美濃區、屏東縣高樹鄉）。

〔註14〕新店溪的小支流，於廣興匯入新店溪，此交匯區是新店溪的溼地生態保護區。

腹地不大，住民多為散居形式。此區域是新店著名的「土雞城」，也是觀光區，沿著平廣路分布著許多山產店，各種土雞料理是此地的特色，也有各式活魚創意烹調。此外，平廣坑也是橘子的盛產地，平廣溪沿岸山坡地，即有許多的果園，因此，野生臺灣獼猴繁衍成群，產業道路旁時常可見。

圖七、新北市新店區衛星圖〔註15〕

〔註15〕　參考引用 Google 地圖，搜尋日期：二〇一七年四月十二日，網址：ttps://www.google.com.tw/maps/@24.9715388,121.5373659,10845m/data=!3m1!1e3?hl=zh-TW

圖八、新北市新店區街道圖〔註16〕

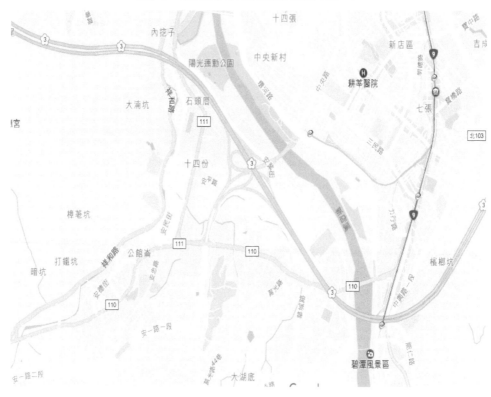

綜觀整體新店溪流域的地理環境特質，新店溪中游與上游區域，都是屬於山地區域，多是狹長型的河階地形，長久以來，居民的生活模式與範圍，往往受限於高山與河流的影響和限制，民生經濟發展空間有限，但新店溪流域水源豐沛，水質尚屬良好，因此，新店溪流域範圍內，建有烏來水力發電廠、桂山水力發電廠〔註17〕、翡翠水庫、小粗坑發電廠、直潭壩、直潭淨水場、青潭堰等水利設施與水壩建築，為大臺北地區非常重要之水力發電與水源區。

三、碧潭東西兩岸區域

新店溪東岸，是指今日的新店區主要市中心，範圍涵蓋舊時新店地區的「新店舊街」（碧潭東岸）、大坪林庄（廣義的大坪林地區），以及五峰山、

〔註16〕參考引用 Google 地圖，搜尋日期：二○一七年四月十二日，網址：https://www.google.com.tw/maps/@24.9697744,121.5301294,14.53z?hl=zh-TW
〔註17〕桂山水力發電廠舊名為「龜山電廠」。

獅頭山下的區域，基本上屬於平坦寬廣的地形，土地耕作面積相當廣大，對於後來的市街與都市化發展相對有利。北臺灣知名的「瑠公圳」〔註18〕，就起源於新店溪東岸。瑠公圳自新店青潭端，以及碧潭東岸開天宮下方的山壁〔註19〕，開鑿水圳源頭「瑠公圳引水石硿」〔註20〕。源頭取水完成後，修築引水渠道與圳溝，引新店溪水通過新店地區田地（今日北新路沿線），再築木梘橋導水跨越景美溪〔註21〕，灌溉區域涵蓋大文山地區的景美、萬隆、公館、大安區、信義區與松山區等地（流經今日羅斯福路與新生北路沿線）。

　　相對於與新店溪東岸相望的碧潭西岸，新店大安坑地區移墾聚落群，就爲於此區域。此地正巧就是新店溪中游與下游的交界區域，也就是新店溪中游的末端區域，是新店溪由山地區域，進入平原區域的起點。相較於新店溪上游，山區河階地形與小臺地，新店安坑地區具有相對較爲寬廣的腹地，擁有較大面積的平坦耕作土地。此區域雖然有相對明顯的寬闊平原地形，但在靠近山區地帶，也擁有山谷與山間溪流夾帶的狹長平坦地形，整體面積大約爲二十七平方公里〔註22〕。新店安坑舊名「暗坑仔」、「暗坑仔莊」，「暗坑」二字顧名思義就是指林木蒼鬱（暗）的山谷（坑）。此地最初是泰雅族原住民秀朗社的土地，後來福建漳州先民進入拓墾，因山脈地理形勢和位置與中

〔註18〕　「瑠公圳」約於一七三九年開始開鑿，於一七六二年鑿通石腔開始通水，至一七六五年開闢圳成功。後人爲了感念開鑿起始人郭錫瑠的貢獻，故尊稱其爲「瑠公」，並將此水圳命名爲「瑠公圳」，至今水圳石硿遺跡依然保存著，位於碧潭開天宮下方石壁內，碧潭風景區內亦立有紀念碑，記述瑠公圳的故事與郭錫瑠生平事蹟，紀念碑後方還有完整的水工設施與「瑠公紀念大樓」可供參觀。

〔註19〕　開天宮是新店區最古老的廟宇之一，是郭錫瑠一七三九年開闢大坪林圳時，爲求開圳工程平安順利，遂於一七五一年建廟，當時廟名爲「盤古帝王祠」。

〔註20〕　新北市文史學會編著《瑠公圳引水石硿與大坪林圳引水石腔歷史資源手冊》，論述新店地區瑠公圳與大坪林的開圳歷史，認爲「瑠公圳引水石硿」的古蹟名稱應正名爲「大坪林圳引水石腔」。

〔註21〕　景美的舊地名「梘尾」即是據此而來。

〔註22〕　中華綜合發展研究院應用史學研究所總編纂：《新店市志》，新店：新店市公所，二〇〇六年，頁29。「新店市的土地面積爲一百二十點三平方公里，安坑地區面積約佔百分之二十三（約二十七平方公里）」。新店區公所：《爲民服務手冊》，新店：新店市公所，二〇〇六年，頁4。「全市面積爲一百二十點二二五五平方公里，自九十一年二月一日起劃分爲六十九個里。」新店區六十九個里中安坑地區共有二十二個里（新店區公所：《爲民服務手冊》，新店：新店市公所，二〇〇六年，頁86～88）。

游的廣興地區相連結,故將之劃分為中游區域。

　　新店安坑地區有狹義與廣義兩種區分:常見狹義的「安坑庄」說法,是指以「公館崙」為中心的新店「外五庄」(新店溪左岸)地區〔註23〕,包含新店溪西岸的河畔沙洲,一直至安溪寮、公館崙、十四份與外挖仔一帶;廣義的安坑地區,範圍涵蓋舊時新店區的「外五庄」與「內五庄」〔註24〕,以及三峽區的「安坑」地區〔註25〕。「內五庄」屬於「五重溪流域」,此地當地人常稱之為「內城」〔註26〕。五重溪又稱「安坑溪」或「五城溪」,屬於新店溪的支流,全長約十一點一公里〔註27〕,流域分布於新店區西北方的安坑內五庄地區,東北流向經五城、四城、三城、二城(雙城)、頭城(大茅埔與薏仁坑一帶)、柴埕(豬肚山)、十四份(「安溪寮」永豐圳於此地匯入)與外挖仔等聚落後,匯流入新店溪。許多人都會認為安坑位於新店區,只有新店區有安坑,事實上是新北市新店區與三峽區都有「安坑」,新店區為「安坑地區」,三峽區為「安坑里」(過去又稱「小暗坑」)。日本統治時代的「安坑庄役場」所在地,也就是在今日安康路二段的公館崙與安坑國小附近。

〔註23〕安坑外五庄又稱外五張或外五張庄,即是今日的「大坪頂、頂城、下城、安溪寮與十四份」。中華綜合發展研究院應用史學研究所總編纂:《新店市志》,新店市:新店市公所,二〇〇六年,頁106～109。新北市新店區北新國小:《新店一把罩》,板橋:新北市新店區北新國小,二〇〇四年,頁152。「外五張庄即是今日的公館崙以東,安坑溪(本地人皆習慣稱之為五重溪)下游的區域,包括大坪頂、頂城、下城、安溪寮與十四份。」李順仁:《新店生態文史一百點》,新店市:拳山堡文字工作室,二〇〇一年,頁100。

〔註24〕安坑內五庄又稱「內五張」或「內五張庄」,是過去的五個小型集居型農村聚落,亦即是今日的「車子路、頭城、二城、三城與四城」。「城」的意思是指居民所設的自衛設施,包括刺竹林、土圍與石圍。由各地名稱、位置和順序可以了解,原民部落在安坑地區是由安坑溪口的位置,依序向上游開墾。

〔註25〕舊名「小暗坑、暗坑」,即今日新店溪以南,從新店區到三峽區,行經新店的安康路與三峽的安坑路(一一〇市道),越過三峽區界至「成福」與「橫溪」一帶。

〔註26〕「內城」意指「內五庄的五個城」,亦有「偏遠地帶」的意涵。

〔註27〕參閱「新北市水利局」及「水利署第十河川局」資料,搜尋日期:二〇一六年七月十五日,網址:http://www.wra10.gov.tw/ct.asp?xItem=44403&ctNode=30788&mp=10

圖九、新北市三峽區衛星圖〔註28〕

〔註28〕參考引用 Google 地圖，搜尋日期：二〇一七年四月十二日，網址：https://www.
google.com.tw/maps/@24.9615827,121.4366744,13158m/data=!3m1!1e3?hl=zh-TW

圖十、新北市三峽區街道圖〔註29〕

　　從新店市區（新店溪碧潭東岸）過碧潭大橋，一路通往三峽區「安坑」（舊稱「暗坑」、「小暗坑」）地區的「安康路」，全長分為一段至五段，之後再接續三峽區境內的「安坑路」，在新店區境內安康路總長七公里多，縱貫整個大安坑地區（穿越安坑外五庄與內五庄主要區域），是過去新店安坑的主要聯外道路，往東聯至新店，向西通至三峽。安康路起自碧潭大橋，深入大安坑地區，整個區域所看到的地理名稱、街道名稱、商店名稱和機關名稱，幾乎都與「安坑」（取「暗坑」之諧音、轉音譯成雅語）或「安康」（取「安坑」之諧音、轉音譯成雅語）兩地名相關〔註30〕，完成彰顯在地化的命名原則。在

〔註29〕參考引用 Google 地圖，搜尋日期：二〇一七年四月十二日，網址：https://www.google.com.tw/maps/@24.9415642,121.4101808,13.53z?hl=zh-TW

〔註30〕張錦霞等編輯：《安坑拾珍》，新店市：新店市公所，二〇〇三年，頁 6-16。「在傳統閩南語發音的臺灣舊地名中，『坑』通常泛指地勢較低平且狹長的地方。由於安坑地區有許多山谷與溪流夾帶的狹長平地地形，尤其是內五庄地區，因此以『坑』為名的地方還有瓠仔坑、樟荖坑（舊名為樟腦寮坑）、薏仁坑、

過了安坑五城地區後，進入三峽區的安坑里與成福里，還留存有「建安」、「福坑」和「福建坑」的地名，延續了「安坑」命名的典故，也抒懷了先民思念原鄉的情懷。

第二節　開發歷史溯源

　　福建地區古稱「閩」地，位處中國大陸東南邊，是一個既多山地又靠海濱的地方，居民謀生相當不易，依山則勤苦農耕，瀕海則出外謀生，遠離故鄉到異地，只為謀求生計與發展。移墾聚落的拓墾先民住在新店溪流域，多屬福建漳州族群、泉州族群與廣東客家族群，因此，發展出具有歷史特質，以及族群特色的信仰圈文化。

　　中國中原一帶，自古為諸侯競逐之地，經常朝政動盪，改朝易幟，難以長治久安。居住在這一代的先民，因逃避戰禍，先後陸續南遷，來到號稱「南蠻」的南方閩、粵諸地，帶來了中原地區原鄉的文化，以及信仰習俗。他們特別重視長幼倫常，以及血濃於水的宗族觀念，充滿原鄉情懷。原本閩、粵當地即有原來族群的特有文化，加上遷徙之後新文化交融，閩、粵地區自然成為族群信仰與文化中心，族群特色非常豐富且多元，就以神祇信仰為例：福建漳州族群奉祀「開漳聖王」〔註31〕、福建泉州安溪族群奉祀「烏面清水祖師」〔註32〕、福建同安族群奉祀「保生大帝」〔註33〕、福建南安族群奉祀「廣澤尊王」〔註34〕、福建汀州客家族群奉祀「定光古佛」〔註35〕與廣東客家族群奉祀「三山國王」等。這些屬於族群性以及地域性，特定獨尊的守護神，隨著先民渡海來臺，遍布全臺，形成特殊的社會結構，也達到某些社會群聚的效應。族群性與地域性的信仰圈，鞏固了各個族群的原鄉信仰，以及宗族血緣認同，也強化了各個族群間的組織力量，充分展現族群團結意識，

　　　小粗坑、大粗坑、大楠坑、閣水坑、深坑等。」新北市新店區北新國小：《新
　　　店一把罩》，板橋市：新北市新店區北新國小二○○四年，頁153。「此外，整
　　　個新店地區除了安坑之外，也有許多與『坑』有關的地名，例如小油車坑、
　　　員潭子坑、過橋坑、大粗坑、小粗坑、稻子園坑、湖閃坑、雙坑、打鐵坑等。」
〔註31〕臺灣民間俗稱「聖王公」和「相公祖」。
〔註32〕臺灣民間俗稱「祖師公」。
〔註33〕臺灣民間俗稱「大道公」。
〔註34〕臺灣民間亦俗稱「聖王公」，與開漳聖王的俗稱相同。
〔註35〕臺灣民間俗稱「定光佛」、「定公古佛」。

這種現象在臺灣的許多移墾聚落特別的明顯，例如：有正面效應的族群群居，團結合作以禦外強；也有負面效應的大規模族群衝突，演變成死傷慘重的族群械鬥事件。

自清朝康熙時期，福建漳州、泉州與安溪的移民，已陸續來到臺灣北部，由淡水入港，沿著淡水河流域慢慢上溯拓墾。他們以移墾聚落的群聚形式，移墾於大臺北四周的平原、丘陵與山區，包括：基隆河流域的汐止、暖暖與瑞芳；〔註36〕大漢溪流域的五股、泰山、新莊、樹林、鶯歌、三峽與大溪；〔註37〕景美溪流域的景美、木柵、深坑與石碇；新店溪流域的新店、直潭、屈尺、廣興、龜山與坪林一帶〔註38〕。在雍正與乾隆時期，移民仍絡繹不絕〔註39〕。

上述這些淡水河流域的移墾聚落，幾乎都是沿著溪流河谷散落分布。新店溪上溯至雙溪口與龜山地區，因為再上去即是泰雅族原住民的自治區域；大漢溪則上溯至三峽與大溪地區，再上去的復興鄉、羅浮與拉拉山地區，同樣是泰雅族原住民的活動區域。淡水河流域平原地形的灌溉區域，可種植蔬果及稻作，山地與丘陵地形則種植油桐樹、樟樹、相思樹與茶業。新店溪流域由於和福建漳州、泉州安溪原鄉地理環境相似，所以留住了許多移墾先民，種植稻米、樟樹與茶葉等作物，也因此形成了許多移墾聚落，留下拓墾的歷史故事。

〔註36〕汐止舊地名稱為「水返腳」或「水轉腳」。
〔註37〕三峽舊地名稱為「三角湧」；大溪舊地名稱為「大料崁」。
〔註38〕龜山以南的山地屬烏來泰雅族原民領域，此處設有「隘勇線」。
〔註39〕黃啓宗：〈新店溪上游移墾聚落信仰傳說研究〉，《二〇一六年銘傳大學應中所研究生學術研討會論文集》（桃園：銘傳大學，二〇一六年九月），頁8。

圖十一、新北市新店區行政圖〔註40〕

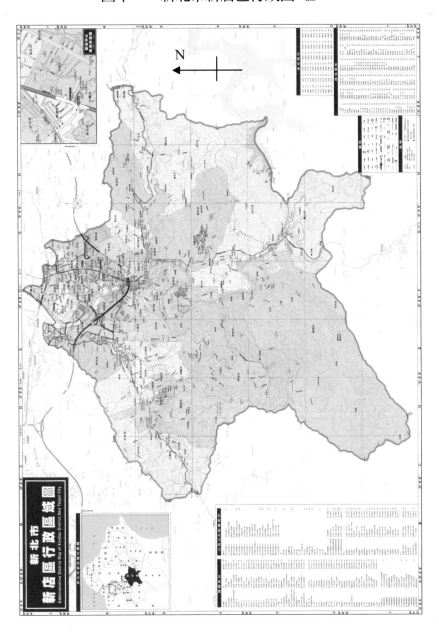

〔註40〕 參考引用新北市政府民政局:〈新北市行政區域圖〉,《新北市政府民政局》(二
　　　 ○一七年四月),搜尋日期:二○一七年四月十二日。因受版面限制,建議讀
　　　 者可依所附網址查閱,依所需尺寸比例與解晰度,進行放大及縮小。網址:
　　　 http://www.ca.ntpc.gov.tw/PageContent/List?wnd_id=118。

圖十二、新北市三峽區行政圖〔註41〕

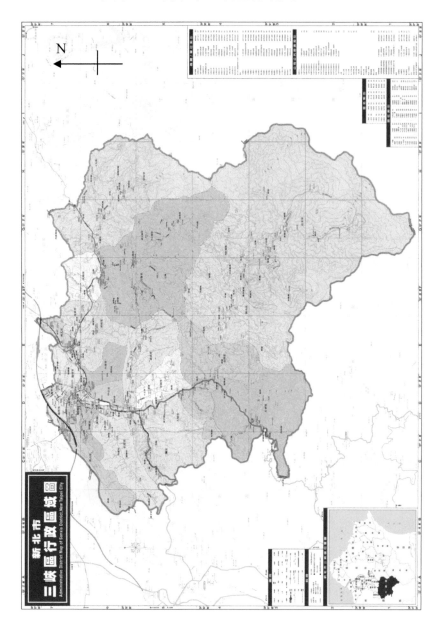

〔註41〕 參考引用新北市政府民政局：〈新北市行政區域圖〉，《新北市政府民政局》（二
〇一七年四月），搜尋日期：二〇一七年四月十二日。因受版面限制，建議讀
者可依所附網址查閱，依所需尺寸比例與解晰度，進行放大及縮小。網址：
http://www.ca.ntpc.gov.tw/PageContent/List?wnd_id=118。

一、屈尺聚落的變遷

屈尺地區移墾的歷史，可溯源自清朝嘉慶年間，當時屈尺地區稱為「屈尺庄」〔註42〕。直至一九〇一年日本統治時期，「屈尺庄」則隸屬「深坑廳坪林尾支廳」管轄。溯及清朝最初的移墾，乃由福建泉州安溪人張猛、劉叔夜、陳沙、周豬與高巒等人，他們向今日中和秀朗一帶的凱達格蘭族「秀朗社」（「雷朗社」）原住民，承租墾地，並招募眾人，開始闢荒耕種，墾地即位於屈尺地區。屈尺拓墾，最初期共有五十六人，參與田地承租，所以屈尺地區當時又名「五十六份」。由於屈尺地區，臨近泰雅族原住民活動區域的邊緣，外來的漢人先民，與原本在此傳統區域生活的原住民，雙方因爭搶生存領域而發生衝突，武力相向始終不斷。拓墾過程辛苦、困難，而且相當危險，漢人與原住民無法避免的衝突，造成了無數的死傷，也流傳下來了，許多可歌可泣的故事。例如：「屈尺原漢衝突、屈尺古戰場、屈尺食人故事、屈尺雙溪口民壯亭故事、屈尺事件（歷史上又稱『屈尺慘殺事件』〔註43〕）」等等。

屈尺地區「入墾時期」之後移入的住民，亦皆為福建泉州安溪人，時間可追溯到清朝道光二年（1822）。馮、劉兩大姓位於「山腳」地區，林、唐、王三大姓居於「城仔」清水祖師廟周遭。現今屈尺傳統家族演進結果，居民的主要姓氏，則是王、張、周、林、劉等姓。依據「拓建屈尺岐山巖清水祖師廟記」中的記載：

　　　　迨遜清咸豐辛亥年（1851年）有從福建安溪移台拓殖之林、劉、
　　　王、張、周等姓先民……率子弟及他族隨攜之清水祖師香信，民國
　　　十二年（1923年）癸亥仲秋，弟子王德福、林泗溪、周呆九、劉木
　　　生、翁海水、劉文通、張金英、劉三木等，有感廟壇簡陋金身未造，
　　　倡募同志輸財出力……其一民國二十三年（1934年）甲戌正月初六

〔註42〕　臺灣光復後行政區重新設立，「屈尺庄」改名爲「屈尺里」。屈尺曾有古地名「雙溪口」的說法，因爲地理位置的關係，屈尺移墾聚落距離今日的雙溪口地區只有約零點五公里，雙溪口聚落目前行政區域劃分隸屬於屈尺里。

〔註43〕　日本時期明治三十二年（1899），日本人土倉龍次郎取得日本總督府同意，開始經營南勢溪雙溪口的林業，這也是龜山地區林業發展的起始，爲龜山地區的擴墾，做出了相當的貢獻。由於泰雅族原住民侵擾不斷，爲了使日本人擴墾更爲平安順利，明治三十六年（1903），日軍遂在此地設立龜山隘勇線，但在兩年後，明治三十八年（1905）二月二十日凌晨，還是不幸的發生了，近五十名泰雅族原住民，出草龜山發電所工寮，屠殺獵首龜山電廠建設工人的「屈尺事件」，這件悲劇共造成十四人死亡，其中十二名爲日籍人士，二名爲臺籍人士。

由各甲選出管理人計城仔甲王家齊、山腳甲劉魁梅、頂店甲翁海水、
下店甲劉文通等當選。一九六五年乙巳十月由管理主任委員王家
齊、委員林永勝、許泉、林再傳、林錦文、周錦和、蘇成吉、張中
山、劉添丁等，建議重修，于翌年祖師誕辰竣工。一九八〇年庚申
四月，管理主委王家齊，宣導配合屈尺社區建設，增建拜堂左右廂
房……翌年辛酉五月，主委王家齊，委員林再傳、林錦文、周錦和、
劉宗文、王金能、林世宏、張賜福、唐天珍、林泳沂、王進福、張
源宗、王良和、翁良孝、陳武雄、唐永勝、陳卿等發起擴大廟殿規
模，募款購地興建後殿三十六坪……。

現今屈尺傳統家族演進結果，居民的主要姓氏屈尺地區拓墾開闢有成之後，
先民們遂提議集資籌建「岐山巖」，奉祀福建安溪泉州原鄉神祇「清水祖師」。
〔註44〕岐山巖興建初期，是以當時的石料建材建築而成，目前所存在的雄偉
樣貌，乃是以現代鋼筋水泥，以及傳統磚瓦改建。岐山巖是屈尺聚落居民的
信仰中心，年節聖誕時，都會舉辦信眾祭祀法會，還有熱鬧的廟宇慶典活動。

屈尺地區有一些地名，頗具地方特色與趣味。這些地名也是依所在地的
地理位置、地形地貌、自然形狀，或是在地景物而命名的，例如：「雙溪口」，
位於屈尺里的最南端，也是新店溪中游的頂端，南勢溪與北勢溪匯流處，屬
於兩岸高山，溪流穿越的狹長河階地形。「雙溪口」因兩溪合流，累積千百
萬年的沙石沉積堆聚，形成地勢較高舉的平坦河階地形。從「雙溪口」上溯
南勢溪約二百公尺的對岸「龜山里」〔註45〕，有一座「龜山水力發電廠」的
舊址，這是「臺灣第一座水力發電廠」。「龜山水力發電廠」興建於一九〇三
年，一九〇五年七月正式完工，至今已歷經百年，由於廠房老舊鏽蝕嚴重，
牆基不堪荷重，已於二〇一二年三月十四日倒塌，目前遺址僅剩基座牆可堪
憑弔〔註46〕

「康雅崙」位於屈尺地區地勢較高處，得名源自於「白鼻心」（果子狸）
常在此「崙」（小山丘）處出沒，因而命名之，後人取其近音雅語「康雅」
為名；「湖仔內」為地勢較低窪的地形，命名源自於此處四周為山脈環繞，

〔註44〕因先民原鄉信仰與拓墾的順序與方向，屈尺「岐山巖清水祖師」分靈自臺北
清水祖師三大廟之一的「艋舺清水巖清水祖師」。

〔註45〕「龜山里」行政區隸屬於新北市新店區。

〔註46〕劉志淵：〈老龜山電所——探訪臺灣第一座水力電廠〉，《臺電月刊》五三九期，
（臺北：臺灣電力公司，二〇〇七年十一月。）

中間平坦處地勢較低，故以「湖仔」（與「崙」爲相對的地形）名之；「水尾」爲屈尺地區最低窪的地區，由新烏路轉屈尺路進入屈尺社區後，途經歧山巖清水祖師廟，續往河岸方向前行，再經頂石厝路，至「濛濛谷」附近一帶，此區域位處屈尺移墾聚落末端，也是位居新店溪屈尺段的尾段區域，故稱之爲「水尾」，隔著新店溪的對岸，即爲廣興移墾聚落；「頂石厝」鄰近濛濛谷地區，其地名顧名思義，即當地有以石頭爲建材所建的房子，藉由此「石厝」爲當地稱呼命名，「頂」爲上方相對位置之意。

二、廣興聚落的變遷

　　「廣興」地區的名稱，肇自日本統治時期，但移墾歷史可溯源至清朝福建泉州安溪的吳姓先祖，他們是首先至這個區域拓墾的傳統家族。當時正值清代漢人大量移墾時期，地名稱爲「廣興庄」，但另有舊地名「甲場埔（校場埔、絞刑埔）」，口耳流傳。一九二○年日本統治時期，設置「文山郡新店庄役場」，管轄「平廣、龜山」地區，新店溪以上的區域，包括被列爲「蕃地」的烏來部落諸社，同樣被區劃爲「文山郡」的管轄區。

　　過去不同族群搶爭生存空間，必然發生死傷衝突。廣興地區早在漢人先民進駐拓墾前，泰雅族原住民早已在此地活動狩獵。廣興地區是清朝統治時期，泉州安溪人在新店溪流域最後拓墾的地點，所以有一個「頭城」的舊地名，與屈尺的「二城」舊地名相呼應。廣興移墾聚落後方的「茶刀崙山」，就是廣興地區安溪人與烏來地區泰雅族原住民的天然「土牛界」。傳說過去泰雅族原住民，常常趁廣興住民秋天農田收割後，利用留置於農田中的稻草束，當作襲擊廣興聚落的掩蔽物，輾轉進攻廣興城仔，所以住民們只要看到農田中的稻草束移動時，便加強設立木柵成防守城，再向農田放火攻擊，也因此有泰雅族原住民被燒死的傳說口耳流傳。日本統治以後，「漢番邊界」往南退移至烏來「洪荒峽谷」（又稱「紅河谷」）附近，加上歷經漫長時間，記憶已然沖淡，舊傳說遂逐漸被當地住民遺忘。

　　由於漢人與原住民兩個不同族群的衝突激烈，往往猶如戰爭爆發，死傷慘重，廣興因而曾被稱爲「殺戮之地」與「刑場」（絞刑場、絞場埔、甲場埔），充滿拓墾時期的血淚與悲壯，廣興地區也因此留傳「廣興落鼻祖師顯靈記」與「廣興甲場埔」的口傳故事。日本統治臺灣以後，以甲場埔與校場埔名稱皆不雅爲由，遂改名爲「廣興」。

　　廣興地名的由來，於本章第一節「地理環境特質」中，已詳細說明，因「廣興」二字充滿「財源『廣』進」，以及「家道『興』隆」的吉祥意，所以士農工商、各行各業都喜愛無比。因此，以「廣興」爲名的地名、路名、校名，以及公司行號名稱，全國各地所在皆有，並不侷限於廣東籍族群的客家地區，或是特定的族群所使用。目前廣興地區的住民，以祖籍來自福建泉州最多，在「城上」廣興路六十巷，還有幾戶祖籍廣東的溫姓客家人，但是已經「福佬化」成「福佬客」（或稱「河洛客」、「閩客」）。

　　廣興地區清代時期爲廣興庄的區域，現在則隸屬於新北市新店區廣興里。沿著新店溪支流平廣溪溯流而上，爲「平廣」地區，同屬廣興里。廣義的「平廣」地區，乃是指新店區「獅仔頭山」底下的區域，也就是循著平廣路沿路分布的移墾聚落，清朝時期泰雅族原住民在此地相當活躍。平廣地區的地理位置，因與新北市三峽區的白雞山脈相銜接，因此廣興當地人常說廣興里到三峽區，只要「翻一座山頭」就到了。早期一部分的廣興先民，即是經此對外的交通路線，來到廣興地區，廣興的「長福巖清水祖師廟」，也因綿密相連的地緣關係，而從三峽的「長福巖清水祖師廟」分靈而來〔註47〕。

　　福建泉州安溪先民選擇新店溪畔一塊較高的小山丘，蓋房建屋定居，遂也將廣興移墾聚落，集居在較周邊平坦地勢較高的臺地上，地形天然聳立，同時逐步建設成具有防禦性的移墾聚落。廣興移墾聚落內巷道彎曲難辨，有如迷宮，初入內確實容易迷失方向，具有防盜抗賊的功能，當地住民遂稱爲「城仔」。一八八一年淡水關稅務司「韓威禮」深入新店勘察的報告中有以下的記載：

> 　　在一座出現於河邊的小山或高地的頂端，有一個「奇怪的」小
> 小村落，它成爲一種城砦〔註48〕……幾年前這地方受到五十或六十
> 個番人的攻擊，可是居民防禦得很好，終於將番人擊退……。

最初拓墾時期，爲了防禦泰雅族原住民與盜匪的侵襲，在城仔四周圍種植了一層層的刺竹叢爲防禦設施，形同「城牆」，並僅留四個城門供住民進出。

〔註47〕參閱「三峽祖師廟」官網：「康熙廿四年安溪人陳瑜率族人到達南靖厝〔今鶯歌南靖里〕開墾；乾隆廿年（一七四九年），安溪人董日旭帶著大批族人致三峽墾荒。在生活日漸安定後，於乾隆卅四年（一七六九年）興建了三峽祖師廟，當時稱爲『長福巖』。」搜尋日期：二〇一六年十月十六日，網址：http://szt3d.ntpu.edu.tw/taipei/a/a1/a1.htm

〔註48〕同「寨」。意旨「村莊」或「防禦盜匪的柵欄」。

　　當地先民將廣興移墾聚落取名爲「城仔」，後又因「城仔」地形、地勢較四週圍耕地、道路及溪流爲高，人們處在下方時，總需微微仰望，回家時也得往上爬斜坡或走階梯，因此「城仔」又被稱爲「城上」。現在廣興的當地住民，尤其是較年輕的世代，都只習慣稱呼廣興移墾聚落爲「城上」。

三、安坑聚落的歷史變遷

　　早期臺灣各鄉鎮市區的名稱，有一些是依其所在地的地形樣貌（山地、丘陵或山谷），或是因所在地的自然地理位置而命名。例如：地名中的「坑」字，多指的是山間匯水而聚的小溝，或是含有山谷之意。臺灣各鄉鎮市區以「坑」命名的地名相當多，譬如「深坑、安坑（『暗坑』之雅語）、南坑、楠仔坑、老坑、大粗坑、小粗坑與下坑」等等。新店安坑地區早期名稱「暗坑」（開墾最初原名「暗坑仔」），即是屬於此類型的地名〔註49〕。

　　漢人先民拓墾安坑地區時，沿著五重溪安坑峽谷進入，選擇靠近河流處，但地勢相對較高且較平的河階臺地，作爲居住選址的考量，最終形成傳統農村聚落。安坑地區在當時的背景，因地理位置緊鄰三峽地區的原因，所以是屬於泰雅族原住民大豹社的獵場，面對原住民的威脅〔註50〕，在聚落四周種滿巨叢的刺竹林，以作爲防衛設施，同時設置隘寮，訂定隘丁與壯勇機制，加強防範原住民和盜匪的侵襲，以確保拓墾平安。由以上所述，可知新店安坑地區的傳統農村聚落，都是屬於集居式的，聚落形成與居民的組成因素，如同李順仁所述：

　　　　安坑五城這種小型集居式農村移墾聚落的發展，除了共同抵禦
　　　所形成的設施和居民的心理因素外，整個移墾聚落因團結防禦所形
　　　成的親密關係，也可以從一個村落裡的人大多同姓看出。移墾聚落

〔註49〕張錦霞等編輯：《安坑拾珍》，新店市：新店市公所，二〇〇三年，頁 6-16。「在傳統閩南語發音的臺灣舊地名中，『坑』通常泛指地勢較低平且狹長的地方。由於安坑地區有許多山谷與溪流夾帶的狹長平地地形，尤其是内五庄地區，因此以『坑』爲名的地方還有瓢仔坑、樟荖坑（舊名爲樟腦寮坑）、薏仁坑、小粗坑、大粗坑、大楠坑、闊水坑、深坑等。」新北市新店區北新國小：《新店一把罩》，板橋市：新北市新店區北新國小二〇〇四年，頁153。「此外，整個新店地區除了安坑之外，也有許多與『坑』有關的地名，例如小油車坑、員潭子坑、過橋坑、大粗坑、小粗坑、稻子園坑、湖閃坑、雙坑、打鐵坑等。」

〔註50〕安坑在地人稱過去在此地活動的原住民爲「生番」（「生蕃」），這是歧視族群的用詞，非常不恰當，如今已廢除，避免再使用。

中的家族就是由在血緣方面有著親密關係的人所組成。〔註51〕

此外，《新店市誌》也有關於居民籍貫、姓氏與血緣的統計資料：

> 民國 15 年（昭和元年，1926）的調查顯示，當時新店居民祖
> 籍安溪者一萬三千人，同安三百，漳州四千八百，其中漳州絕大多
> 數住在安坑，而安溪人多半都住在大坪林。民國 19 年（昭和 5 年，
> 1930），戶口普查安坑地區，共八百四十五戶，五十四姓，其中廖姓
> 佔百分之十六，林姓佔百分之十二點七，張姓佔百分之八點四，游
> 姓佔百分之七點八，吳姓佔百分之四點七……和全臺姓氏比例相
> 比，安坑姓氏相當有特色而且集中。從區域比較來看，又有同族同
> 姓聚居現象，譬如頂城四十九戶中，十三戶姓廖，十四戶姓曾；……
> 十四份三十七戶中二十二戶姓吳；外挖子三十四戶中十八戶姓
> 張；……二城四十六戶中十四戶姓廖十四戶姓游；三城五十九戶中
> 三十九戶姓廖；四城二十六戶中十三戶姓廖。〔註52〕

由上述的說明，可知新店安坑地區，過去人口與移墾聚落變遷的狀況，還有
傳統家族的演進（安坑吳姓、賴姓與曾姓），這也深深的影響到，當地的信仰
文化與社會習俗。

移墾聚落裡的家族演進，常常受到產業經濟發展，以及政治因素的影響。
追溯北臺灣大淡水河流域，在西班牙與荷蘭時期，並未有官方的行政組織，
明鄭時期短暫的設置天興州，也只是名義上的象徵性管轄，並無實質的管理
控制。清朝統治階段，歷經雍正、乾隆、嘉慶時期，先後設置淡水廳及淡水
縣，直至道光之後，才開始設置「拳山堡」。通常「縣」、「堡」之下的行政區
域，皆由各地方鄉治組織自治，因為縣府衙門距離地方基層，有如「天高皇
帝遠」，以當時各偏遠地方的交通狀況而言，聯繫上亦屬非常不便，因此與地
方各個基層街庄單位，自然無法達到訊息暢通，再加上當時的清廷統治態度
傾向消極被動，除非是發生重大的治安事件，或是歲奉未交等嚴重事情，
「縣」、「堡」之上的縣府衙門，才會動用官差行使公權力查辦。直至日本統
治時期，積極明顯的地方行政區域區劃演變，以及地方行政的歷史沿革，對
於移墾聚落的經濟開發、生活模式、社會變遷，以及傳統家族的發展，才形

〔註51〕李順仁：《新店生態文史一百點》，臺北：拳山堡文字工作室，二〇〇一年，頁
112。

〔註52〕新店市誌編纂委員會：《新店市誌》，新店市：新店市公所，一九九四年，頁
122。

成重大的影響。

　　日本明治二十八年（1895）日本開始統治臺灣，在原來清朝「臺北府」的管轄區域設置「臺北縣」，管轄區域有「大加蚋堡、拳山堡、海山堡、擺接堡、桃澗堡、興直堡、芝蘭一堡、芝蘭三堡」，之後「拳山堡」易名為「文山堡」，並於深坑街及新店街設立分局。一八九六年年設置「景尾街警察署」，管轄「外文山堡」（包括今日的景美、新店與木柵一帶），以及設置「深坑街分署」，管轄「內文山堡」（包括今日的深坑與石碇一帶）及「頂文山堡」（包括今日的坪林一帶），這就是現今整個大文山地區的雛形〔註53〕。一八九七年年地方官制改革，置「景尾辦務署」，管轄原來的文山堡區域，包含「景尾（今景美）、溪仔口、新店、直潭、寶斗厝、七張仔、十伍份、二十張、十四張、安坑、頭城、坡內坑、頭廷魁、木柵、深坑、小格頭、楓子林、石碇、耳空龜、坪林尾（今坪林）、闊瀨、溪尾寮」等二十二個地區。一八九九年將原來二十二區裁併為「景尾、新店、大坪林、安坑、內湖、坡內坑、深坑、小格頭、楓子林、石碇、坪林尾、闊瀨」等十二個地區。一九零一年地方官制又改革，廢除縣及辦務署，改設置「深坑廳」，管轄原來的文山堡地區，其中「景尾支廳」管轄「景尾街（今景美一帶）與木柵街庄」，「坪林尾支廳」則管轄「坪林尾街、柑腳坑庄、公館街庄、闊瀨庄、鹿窟庄、石碇街、磨石坑庄、烏塗窟庄、水底寮庄、小格頭庄、七張仔庄（今新店七張）、新店街、塗潭庄（今新店塗潭）、屈尺庄（今新店屈尺）、直潭庄（今新店直潭）、公館崙庄（今新店公崙）、大舌湖庄、樟栳坑庄、鴛仔瀨庄、粗窟庄、竹子易庄、藤仔坑庄、倒吊仔庄、頭魁庄、四城庄（今新店四城）、陂內坑庄、福德坑庄、九芎坑庄、四堵庄」等等街庄〔註54〕。此時新店溪流域的移墾聚落區域，幾乎已全涵蓋在「深坑廳」內。新店安坑的移墾聚落，此時則以外五庄的「公館崙庄」與內五庄的「四城庄」為代表。

　　直至一九零九年，日本政府再次進行臺灣地方制度改革，新店溪流域的部分，深坑廳被廢除，成為隸屬臺北廳的支廳，另成立新店支廳，管轄景美與新店等地〔註55〕。一九二零年繼續改革地方制度，廢廳置州，州下廢支

〔註53〕臺灣省文獻委員會編印：《臺灣總督府檔案中譯本》（南投：臺灣省文獻委員會，一九九八年六月，第十一輯），頁753～756。

〔註54〕《深坑廳第二統計書》，頁113。

〔註55〕臺北市文獻委員會編印：《日據前期臺灣北部施政紀事——警治篇、政治篇》（臺北：臺北市文獻委員會，一九八五年六月），頁555～556。

廳改郡，因此於新店設置「文山郡」，管轄新店溪流域中游與上游的「新店庄、深坑庄、石碇庄與坪林庄」。「新店庄役場」（同今之新店區公所）設於新店，管轄「大坪林、安坑、青潭、直潭、平廣與龜山」等六庄。此外，將南勢溪上游泰雅族原住民活動的烏來部落等八社列為「蕃地」，同屬文山郡管轄〔註56〕。以上的行政區劃狀態，終於維持到一九四五年日治時期結束。

　　新店安坑地區，由於天然的地理環境因素，以及特殊的族群組成與開發歷史，因此具有非常獨特的移墾聚落空間，刻畫記載了移墾時期的拓墾先後順序，也說明了閩南族群、客家族群移墾與原住民的互動關係，以及面對在地原住民侵擾的抵抗強度，這些族群歷史現象，部分表現在當地的移墾聚落名稱上。從新店東岸到西岸，過碧潭大橋的「大坪頂」、「頂城」、「下城」、「公館崙」、「頭城」、「二城（雙城）」、「三城」、「四城」，一直至接近三峽邊緣的「五城」（「頂城」至「五城」共七個「城」），以及三峽地域的「安坑」、「建安」與「成福」地區。

　　除了有移墾聚落名稱，印證族群演進與開發歷史發展，也有一些流傳於地方的口傳故事作為例證，例如：「『安坑孝女廖氏嬌紀念碑』故事」〔註57〕、「安坑車子路與『刣人埔』傳說」〔註58〕、「安坑薏仁坑木柵故事」等〔註59〕。

　　新店溪流域的地理形式，有寬廣平原，有起伏山地，也有許多峽谷河階，一些靠近山區一帶，沿著山邊水旁的地區，便成為吸引平原區，人口飽和後，接續移墾的區域。清朝同治年間開始，茶業貿易興起，新店溪流域農業形態跟著轉變，棄稻作轉為種茶，尤其是靠近山區的丘陵地，這也就是今日在木

〔註56〕　詹瑋：《臺北文山地區百餘年來的發展與變遷（1761～1945）》（臺北：國立政治大學，二〇〇二年六月），歷史學系博士論文，頁167。

〔註57〕　「『安坑孝女廖氏嬌紀念碑』故事」是描述一位孝女廖嬌的感人故事，紀念碑目前設立於新北市新店區安坑地區的安坑國小校園內，於本章第三節有內容詳述。

〔註58〕　「安坑車子路與『刣人埔』傳說」是敘述新店區安坑地區的「車子路」，在日本統治時期，已有車道可供車子行走，附近曾發生日本人大批殺人事件，故此地也被當地耆老稱為「刣人埔」。類似的「殺人事件」，因是口述傳說，並無史料記載，但研究者探訪與研究結果，推論與日本統治初期的抗日活動有關，相關故事與「新店塗潭『土匪窟』故事」亦有相似，兩者也有地理位置的關聯。傳說內容於本章第三節有內容詳述。

〔註59〕　「安坑薏仁坑木柵故事」是講述清朝時期，拓墾薏仁坑附近土地的漢人先民，與泰雅族原住民爭地衝突的故事。「木柵」即是指今日的「臺北小城社區」山坡地一帶，與臺北市文山區的「木柵」，同名也同義。故事內容於本章第三節有內容詳述。

柵、石碇、坪林、屈尺、雙城至五城（新店安坑地區），以及三峽安坑地區，
仍可見許多茶園的原因。

　　明清時期大量來臺的漢人，主要是隸屬閩籍與粵籍，閩籍之中，又有漳
州與泉州的區別。從移墾先人的原鄉祖籍、文化習俗、宗教信仰與語言特色
等方面研判，新店溪流域靠近山區一帶的許多居民，應屬粵籍與福建詔安的
客家後裔，然而已經「福佬化」成為「福佬客」。〔註60〕新店安坑地區內五庄
的四城、五城與三峽區的安坑地區，還有一些當年「福佬客」移墾的族群，
從這些地區多處的「客家文物館」和「家族堂號」可證之〔註61〕。

　　綜觀大文山地區，位於大臺北盆地東南角、新店溪流域以東、公館蟾蜍
山以南，東邊接鄰新北市深坑區，西邊則以新店溪與新北市永和區及中和區
相望。從臺北市區往南或往東前往新店、烏來、坪林、深坑、石碇、宜蘭等
地，文山區為必經地的地方。大約於清朝統治乾隆年間，拓墾先民由景美沿
溪一路入墾進入山區，直到清朝嘉慶與道光年間，已逐漸形成街道與聚落。
文山區西邊設有「萬盛」與「十五分」兩莊，東邊則沿著景美溪，以木柵竹
圍等防禦設施，防範泰雅族原住民侵擾，也因此形成典型的集居式移墾聚落，
「木柵庄、霧里薛庄、內湖庄」也就因而產生。

　　文山地區在清朝統治同治年間隸屬於淡水廳，又稱為木柵庄、內湖庄。
光緒初年設置臺北府，直到日本統治時期，劃設臺北州文山郡，並隸屬深坑
庄管轄。國民政府統治臺灣後，原本隸屬於「臺北縣深坑鄉」的文山郡，重
新行政區域劃分，始成為「景美、木柵與深坑」三個鄉鎮。民國五十七年七
月一日升格為直轄市，隸屬於臺北市，並分成木柵區與景美兩區。民國七十
九年三月十二日，臺北市行政區域又重新調整，景美與木柵兩區又合併回文
山區〔註62〕。

　　審視新店溪流域移墾聚落，溯源開發歷史，近數十年來，新店溪流域的
土地大量開發，許多的大型建案，硬是矗立在，需要高度水土保持的山坡地
上，地形與地貌的改變，移墾聚落住民生活習慣，以及社會習俗的變遷，速

〔註60〕「福佬」一詞尚有「河洛」、「鶴佬」、「貉獠」、「賀佬」等不同的說法；「福佬
　　　　客」也有「閩客」的說法。
〔註61〕黃啓宗：《新店安坑地區寺廟楹聯之研究》（臺北：臺北市立教育大學中國語
　　　　文學系碩士班碩士論文，二〇〇八年一月）。
〔註62〕參考引用臺北市文山區公所：〈認識文山・區內概況〉，《臺北市文山區公所》
　　　　（二〇一七年四月），搜尋日期：二〇一七年四月十二日，網址：http://wsdo.gov.
　　　　taipei/ct.asp?xItem=27108&CtNode=37727&mp=124121

度之快，已超越過去三、四百年累積的臺灣移墾史。

圖十三、臺北市文山區位置圖〔註63〕

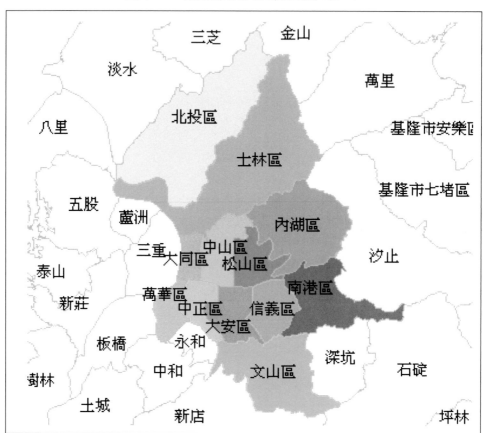

圖十三、臺北市文山區位置圖說明

1、文山區位於大臺北盆地的東南東方，臺北市的正南方，東邊與新北市深坑區相鄰，
　東南方也接到石碇區一小段，南邊以景美溪與新店區相隔，西邊則以新店溪與永
　和區及中和區相互遙望。

2、民國七十九年臺北市行政區域調整，將景美與木柵合併為文山區。

〔註63〕 參考引用 Yahoo「臺北市文山區行政圖」，搜尋日期：二〇一七年四月十二日，
　　　網址：https://tw.images.search.yahoo.com/search/

圖十四、臺北市文山區行政圖〔註64〕

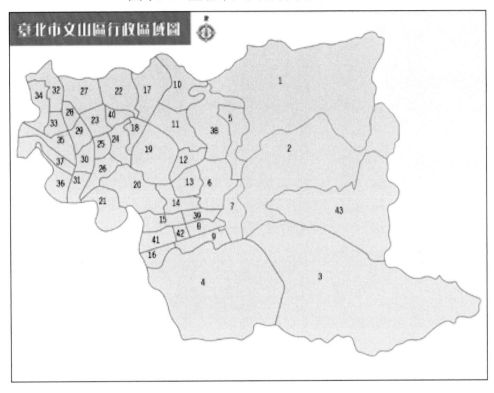

圖十四、臺北市文山區行政圖說明：

1、臺北市文山區共四十三個里：

    1、博嘉　　2、萬興　　3、指南　　4、老泉　　5、萬芳　　6、木柵　　7、木新

    8、順興　　9、樟腳　10、興昌　11、興光　12、興家　13、明興　14、明義

    15、樟林　16、樟新　17、興泰　18、興業　19、興得　20、華興　21、試院

    22、興旺　23、興豐　24、興安　25、興福　26、景東　27、萬盛　28、萬祥

    29、萬有　30、景華　31、景行　32、萬年　33、萬隆　34、萬和　35、景仁

    36、景美　37、景慶　38、萬美　39、忠順　40、興邦　41、樟文　42、樟樹

43、政大。

2、系統資料更新：「二〇一五年六月三十日十七時二十八分」；資料檢視：「二〇一七年二月十三日十四時零一分」；資料維護：臺北市文山區公所。

〔註64〕　參考引用臺北市文山區公所：〈文山區志〉，《臺北市文山區公所》（二〇一七年四月），搜尋日期：二〇一七年四月十二日，網址：http://wsdo.gov.taipei/np.asp?ctNode=4752&mp=124121

第三節　歷史傳說故事

　　自清朝康熙年間開始，新店溪流域即有大批漢人陸續進入拓墾，因此廣大的區域裡，散布許多移墾聚落。這些族群聚落，因先民祖籍相異，而各自擁有相異的生活方式與風俗習慣，而且因為不同的神祇信仰，也形塑出了不一樣的移墾聚落信仰圈，產生許多地域性的信仰文化，以及豐富多元的歷史傳說。新店溪流域最具宗教代表性的移墾聚落，屬「新店安坑外五庄、內五庄、屈尺與廣興」這四大區域，有相通的文化底蘊，也有相異的宗教信仰，各自擁有獨特的歷史傳說，譬如「開漳聖王、清水祖師、三官大帝」的傳奇故事，以及族群衝突、廟宇興建的事蹟。這些故事的背景與情節，部分具有「傳奇小說」的雛形，若能加以潤飾，更能彰顯新店溪流域傳說的張力，也能藉此了解移墾聚落的信仰文化，印證地方歷史與人文變遷，為地方文化的生命力，注入一股活水。

　　本節將彙整研究者多年來，於「新店溪流域」的範圍內，深入各移墾聚落，進行田野調查時，蒐錄到第一手的地方歷史故事與口傳故事資料，並以地域區分為「新店溪上游歷史故事與傳說」、「新店溪中游歷史故事與傳說」與「新店安坑內、外五庄歷史故事與傳說」三個章節〔註65〕。蒐集彙整的故事內容相當多元，有些故事有歷史文字紀錄，有些故事則純屬「傳說」與「稗官野史」性質。本論文將有「歷史文字紀錄」或「文獻記載」等可考的部分，界定為「歷史故事」類（記為「故事」或「事件」），將「稗官野史」與「口耳相傳」等不可考的部分，界定為「口傳故事」（記為「傳說」），全部蒐錄內容依故事發生地點，由上游至下游依序排列，計有「龜山出草事件（『屈尺事件』）、雙溪口民壯亭故事、屈尺古戰場傳說、屈尺原漢族群衝突之『食人傳說』、屈尺清水祖師顯靈賜名故事、屈尺廣興鄰村兄弟情故事、廣興甲場埔傳說、廣興落鼻祖師顯靈故事（『廣興魔鬼』）、長福巖『鎮廟之寶』故事、新店獅仔頭山隘勇線故事、新店塗潭大水記事（故事）、新店塗潭『土匪窟』故事、新店安坑漳泉族群衝突故事、太平宮高麗狗傳說、『頂城』至『五城』地名故事、『安坑孝女廖氏嬌紀念碑』故事、安坑車子路與『刣人埔』傳說、安坑薏仁坑木柵故事、雙城原漢族群衝突故事、潤濟宮卜卦命名故事、祈禱必驗傳說」等二十一個，茲將各傳說、故事的發生時間、

〔註65〕新店溪流域移墾聚落的信仰傳說故事相當多，一部分為文獻資料所載，一部分則為訪談蒐集自當地耆老與士紳的口述故事。訪談對象同前註。

地點與性質，整理列表請參閱：「附錄 2-2、新店溪流域歷史傳說與故事調查表〔註66〕」。

一、新店溪上游歷史故事與傳說

（一）龜山出草事件（「屈尺事件」〔註67〕）

　　新店龜山與屈尺雙溪口地區〔註68〕，原本爲泰雅族原住民生活漁獵之地，十九世紀中葉之後，漢人先民入山砍伐「林木」，以及拓墾「茶葉」與「樟腦」等經濟作物，逐漸深入臺北盆地東南方的山區，也就是廣闊的新店溪流域上游。因此，屈尺雙溪口聚落與龜山聚落，在清朝時期逐成爲泰雅族原住民族群與漢人族群雙方，最靠近山區的邊界與交界點。以拓墾漢人的立場而言，原住民與漢人兩股勢力始終緊繃對峙著，「番害」於是時常發生，爲了「防番」，而設有「民壯」與「隘勇」，並設置「隘勇線」與守衛的「隘寮」。「龜山出草事件（官方記載爲『屈尺事件』）」〔註69〕，即是一件發生在日本統治

〔註66〕漢人先民與泰雅族原住民的衝突傳說故事，以及其他地方歷史故事，多爲訪談蒐集當地耆老與士紳口述故事整理而成，訪談人包括林雙枝先生、黃有女士、黃文財先生、黃高寶連女士、林花子女士、曾慶耀先生、黃雪子女士、高清流先生、林秋蘭女士、陳錦隆先生、江百川校長、黃姿蓉女士（易媽媽）、康文忠主任、姚立楷主任、許淑眞女士、金秀汶女士、張孫誠先生、張金武先生的阿媽、張凱富先生的阿公、呂美龍阿公賢伉儷、呂阿媽、廖文志校長、潘正戊先生、張俊仁先生、楊志文先生、莊英貴老師、王新富先生、陳劍龍先生、蕭明昆先生、吳進興里長、黃筱君女士、林佳琪老師（泰雅族，原住民語教師）、李振賢牧師（泰雅族，新店龜山教會）、林龍鎭先生、林鑫政老師、簡源朝先生（簡爺爺）與溫集進先生，以及其他未留名的先進們。請一併參閱「附錄2-1、新店溪流域歷史傳說與口述故事訪談表」。

〔註67〕歷史上又稱「屈尺慘殺事件」。

〔註68〕從屈尺續往南行，來到新烏路上最大的聚落——龜山。此地位居南、北勢溪交會口，龜山之名源自南勢溪旁有一狀似烏龜的小山。這裡原是泰雅族人的活動地域，劉銘傳的「開山撫番」將他們驅入烏來深山，漢人才移民於此。當年劉銘傳曾有意在此蓋電廠來發電，但還來不及動工就離開了台灣。後來的日本人依據劉銘傳規劃的藍圖，於一九〇五年建了本省第一座水力發電廠「龜山發電廠」。不過，日本人蓋電廠最主要目的，是爲了架設電網以阻絕原住民侵擾，其次才是送電到臺北城內。這樣的舉動，當然讓原住民相當反感，電廠完工次年就兩度遭原住民攻擊。

〔註69〕「出草」一般說法是指過去臺灣原住民狩獵敵人頭顱的習俗。「出草」原意指的是打獵、獵鹿，後來經過演變才被專用於殺人獵首的稱法。教育部《國語辭典》：「舊日臺灣原住民埋伏於草叢中，捕殺入侵者或獵取他族的人頭，再將人頭去皮肉，置於骷髏架上，稱爲出草。」

時期，屬於今日新北市新店區龜山里的「原漢族群衝突」。

　　龜山地區位於雙溪口對岸，這區域接近烏來山區，十九世紀末期，也是泰雅族原住民的活動範圍，清朝時期光緒十二年（1886），劉銘傳進行「開山撫番」，曾派駐兵勇於雙溪口地區，以此為屯兵駐紮基地，向南邊山區，以及烏來一帶的泰雅族原住民，「悉行就撫」（驅趕、鎮壓、利誘、教化），自此這個區域才開始有計畫性的開墾。日本統治時期明治三十二年（1899），日本人土倉龍次郎，取得日本總督府同意，開始經營南勢溪雙溪口地區的林業，這也是龜山地區林業發展的濫觴，為龜山地區的墾拓，做出了相當的貢獻。由於泰雅族原住民侵擾不斷，為了使日本人墾拓更為順利，明治三十六年（1903），日軍遂在此地設立龜山隘勇線。但在兩年後的明治三十八年（1905）二月二十日凌晨，還是不幸的發生了衝突事件。近五十名泰雅族原住民，出草龜山發電所工寮，屠殺獵首龜山電廠建設工人的「屈尺事件」，共造成十四人死亡，其中十二名為日籍人士，二名為臺籍人士。一九〇五年龜山水力發電所水路建設的資料，記載龜山有一座紀念碑，悼念弔念因泰雅族原住民出草的臺、日受難者。

　　溯新店溪經過屈尺移墾聚落續往上行，與屈尺雙溪口一溪之隔的龜山地區，是新店溪流域上游最晚開發的聚落，也是今日新烏路上最大的移墾聚落，拓墾的漢人先民，大多是從事墾林與製茶。龜山和雙溪口隔溪對望，都是位於南、北勢溪交會口。龜山的地名由來，源自於南勢溪旁有一座形狀頗像烏龜的小山。這裡原來就是泰雅族原住民的活動地域，漢人移墾自此，迫使他們進入烏來山區，今日的大烏來地區，還存有五個較大的集居型泰雅族傳統部落。

　　當年劉銘傳曾計畫在龜山地區建設發電廠，但始終未能真正動土興建。日本統治時期，依據當年劉銘傳規劃的藍圖，於一九〇五年興建了臺灣第一座水力發電廠——龜山發電廠。日本人蓋電廠的主要目的，除了送電到當時的「臺北城」內，同時也在隘勇線上架設電網，以防此泰雅族原住民侵擾。不過，隘勇線上架設電網的舉動，反而激怒了泰雅族原住民，造成多次的原住民攻擊事件。

　　龜山與烏來等八個社，原本皆被列為「番地」，一九二〇年地方制度改革，新店設置「文山郡」，下設「新店庄」。一九二二年龜山由「番地」納入「新店庄」管轄，移墾聚落開始形成，「大坪林、安坑、青潭、直潭、平廣、

龜山」等六個庄，皆屬受其「新店庄」管轄。龜山聚落並無傳統家族性的開
發模式，屬於「雜姓」的社會組成〔註70〕，移墾先民大多來自三峽及大溪，
與隔壁的廣興地區有同源關係。龜山地區雖然早期也有原漢衝突，但是拓墾
先民與泰雅族原住民衝突事件的強度與頻率，並不如屈尺與廣興地區那樣激
烈，由現存部分人文地景與歷史遺跡中，可看出當時的歷史情形。

（二）雙溪口民壯亭故事

　　新店雙溪口隸屬於屈尺里的範圍，相較屈尺移墾聚落，位置處於新店溪
更上游，也更靠近山區，在這裡流傳著一段悲壯的故事。「雙溪口民壯亭故
事」發生在清朝時期，由於漢人在屈尺地區開墾時，時常與泰雅族原住民發
生衝突，加上泰雅族原住民有「出草」的習俗，因此，傳說當時曾發生七個
漢人被襲擊殺害的事件。事發當時這七個漢人，雖然極力奮戰，但最終仍壯
烈犧牲，但無家屬認領遺體，事後遂決定將七人合葬，樹立「民壯公」石碑
於「民壯亭」下，讓後世了解先人生活的艱難與奮鬥精神。後來於原地又立
廟供奉，加蓋成傳統廟宇祭拜。民壯亭如今的外觀，是上下兩層的四角亭（四
腳亭）式建築，位於雙溪口新烏路二段，下龜山橋附近的路旁。

　　民壯亭又叫「民壯公廟」，是一座「廟中廟」，裡頭收埋的枯骨英靈，是
當時遭泰雅族原住民「生番」，出草襲殺的拓墾先民〔註71〕。由於事件發生之
後，陸續有許多關於「民壯公顯靈」的傳說故事，屈尺雙溪口當地居民便尊
奉民壯公為地方守護神，一直崇祀至今。

二、新店溪中游歷史故事與傳說

（一）屈尺古戰場與原漢族群衝突之「食人傳說」

　　屈尺岐山巖主祀「清水祖師」，清水祖師俗稱「烏面祖師公、落鼻祖師」，
是福建泉州安溪的鄉土神祇。在屈尺地區，有清水祖師顯靈賜名「屈尺岐山
巖清水祖師廟」的傳說。也有清朝拓墾時期，屈尺先民向秀朗社租墾屈尺田
地，開發過程與當地的泰雅族原住民，發生流血衝突的故事。

　　傳說拓墾初期，屈尺漢人先民與泰雅族原住民，衝突非常嚴重，泰雅族

〔註70〕 日本昭和七年（1932）新建的龜山土地公廟石碑上，記錄拓墾先民捐獻建廟
　　　　的姓名與金額，由先民「雜姓」的姓氏組成狀況，可得知人口的組成結構。
〔註71〕 日本統治時期稱未受教化的原住民為「生番」，已受教化與同化的原住民為「熟
　　　　番」。

原住民時常「出草」襲殺，屈尺漢人先民再回擊過去。每一次的流血衝突，往往造成傷方慘烈的死傷。根據當地耆老的說法，在他們幼年時，曾目睹長輩們因憤恨，而將殺害的敵人烹煮而食的殘酷情景〔註72〕，地點就在目前城仔上，岐山巖廟前的廣場空地。在岐山巖左側山坡臺地，還留有過去原漢族群衝突時，雙方厮殺的古戰場遺址。據當地耆老們的說法，當年拓墾的先民，就在此地與泰雅族原住民慘烈的厮殺。

　　新店區屈尺里臨近烏來山區，早年屈尺的拓墾開發，與當時在地的泰雅族原住民息息相關，其中所發生的衝突故事，也令人感慨萬千。最終屈尺開闢成功，拓墾先民集資建造岐山巖，護佑鄉民免於族群衝突傷害，由此歷史的發展可知，岐山巖在拓墾先民心目中的重要性，以及性建年代的久遠。

（二）屈尺廣興鄰村兄弟情故事

　　同屬清水祖師信仰圈的屈尺與廣興地區，有一則流傳久遠的「百年岐山巖神像傳奇」。故事的主要內容，就是敘述同樣奉祀清水祖師，在地百年的屈尺岐山巖，與鄰近的廣興長福巖，兩座廟內的兩尊主神像，就是在百年之前，以同一塊漂流木雕鑿而成的。

　　屈尺與廣興兩聚落，相隔新店溪左、右兩岸，基於信仰與生活型態的相近，兩聚落的居民往來密切。過去廣興的孩子，到了就學的年齡，還得每日跨越過新店溪，到對岸的屈尺讀書。根據廣興當地耆老的傳聞敘述，以前新店溪時常有大洪水發生，曾有一年，有一塊巨大樟木因大洪水，順著新店溪漂流而下〔註73〕。大樟木先漂流到新店溪左岸，靠近廣興的河岸邊，廣興先民認為這塊巨木，非常適合雕刻成清水祖師的聖像，於是將大樟木靠近岸邊，打算隔日再搬上城仔。豈知洪水再度沖來，又將這塊大樟木，沖到了新店溪右岸，靠近屈尺的岸邊，然後被屈尺住民打撈上岸。屈尺先民也要拿這塊巨大樟木，用來雕刻清水祖師的神像，於是兩地的居民，為此發生口角與衝突。不過，最後屈尺與廣興地區的居民，協議將巨大樟木對半，一分為二，塑成兩尊清水祖師金身神像，上端用來雕刻屈尺岐山巖清水祖師金身神像，下端則用來雕刻廣興長福巖清水祖師金身神像，兩尊神像分置兩廟奉祀，形同「同

〔註72〕 此說法已不可考，只有口述而無法證實。

〔註73〕 至今新店溪上游地區依然常遭水患。二○一五年蘇迪勒颱風來襲，重創新店溪流域，上游區域的屈尺、廣興、龜山、烏來與福山等聚落災情慘重，屈尺、廣興與龜山低窪地區更是全數淹沒，部分地區水淹深度達二公尺以上，洪水消退後，留下數尺汙泥，還有上游山區沖刷下來的巨型漂流木。

源兄弟神像」。巨大樟木之爭的完美的結局，爲「屈尺廣興鄰村兄弟情」做了最佳的見證。

諸如此類的信仰傳說，有人情溫度，有地方特色，藉由在地耆老的口述代代相傳，不但豐富了地方的歷史文化，也緊緊箍住當地居民的心。

（三）廣興落鼻祖師顯靈故事（「廣興魔鬼」）

廣興長福巖清水祖師廟和屈尺岐山巖清水祖師廟，廟碑上分別記載著廣興和屈尺這兩個移墾聚落的發展歷史，以及當地的環境變遷。最特別的是長福巖清水祖師廟的廟碑記載的內容，更記述了拓墾先民與泰雅族原住民，雙方發生激戰傷亡的傳說故事，這是廣興地區，最具地方特色的傳奇故事。

根據長福巖廟前「清水祖師略傳碑」記載，在廣興長福巖有一傳說。拓墾時期，廣興先民每天外出工作前，都會先請清水祖師指點吉凶，如果得到吉兆，出門才能平安，否則一定會有壞事發生。如此的內容，正好彰顯出當年拓墾先民，與泰雅族原住民衝突時，內心深沉的恐懼與不安。

傳說有一回泰雅族原住民來襲廣興城仔，當時城中幼童驚嚇害怕，躲入清水祖師廟內避禍。泰雅族原住民進入清水祖師廟中，卻搜尋不著，盛怒之下，揮刀亂砍毀損神像，結果在神案上砍了數刀，也在清水祖師下顎砍了一刀。四處搜尋無獲之後，準備離去時，一走出廟門，立即遭庄內壯丁反擊射殺身亡。這件事流傳開來，泰雅族原住民因此對清水祖師極爲懼怕，認爲「神威顯赫」，從此不敢再輕易的來犯，同時在部落中流傳著清水祖師爲「魔鬼」的故事。

（四）長福巖鎮廟之寶故事

新店安坑太平宮有「鎮宮三寶」，廣興長福巖也有一個「鎮廟之寶」，一顆百年歷史，鏽跡斑斑的鐵刺球。長福巖廟內的祭祀供桌，以及年度過火時，丟擲的鐵刺球，皆爲百年古物。鐵刺球只有在廟會或慶典時，才從主殿裡恭請出來。鐵刺球的操練方法很血腥，操練的乩童會先將鐵球拋高，然後以身體背、腰、胸等處來接。鐵球表面爲鐵釘利刺，高高的重力加速度，刺入操練的乩童肉體中，會當場馬上血流如注。不過，據說清水祖師會顯聖護佑，保護這些操練的乩童。慶典當日勇敢操演的乩童，身上的傷口，隔日皆會不藥而癒，照樣正常作息。

根據研究者觀察，百年歷史的鐵釘刺球，其實表面鏽跡斑斑而成褐色。僅以最初淺的健康常識判斷，一旦造成肉體上的傷口，若未經適當的醫藥處

理，非常容易引起破傷風，甚至會有生命威脅。乩童在操練鐵刺球時，皆會被旁邊的助手，以嘴噴米酒霧氣於身上，據說具有消毒與消炎的效果〔註74〕。這種神奇的信仰傳說，雖有可議之處，但我們也必須尊重它是在地民俗信仰，最眞實的一部分。

三、新店安坑內、外五庄歷史故事與傳說

（一）新店安坑漳泉族群衝突故事

新店溪中游移墾聚落的信仰，有一些與當地的開漳聖王信仰有關，然而大多在當地居民裡口耳相傳，而未載於文字，初探其原因，不外乎年代久遠，許多傳說已不可考，以及此類信仰傳說，一直只被當作是「八卦」，僅屬於茶餘飯後的閒聊話題，並未被額外重視。蒐集探究這些傳說，許多都與歷史事件或物件有關。廣興長福巖有一個「鎮廟之寶」，新店安坑太平宮也有「鎮宮三寶」：供桌、木匾與香爐。

新店安坑太平宮廟中珍藏的古老長桌，桌上書寫著「大清同治八年己己歲臘月吉日」，可知長桌製造於同治八年（1869）。值得一提的是，這張供桌是舊廟重建時，利用拆下的木板門拼湊而成的，因而供桌上有「漳浦」二字，這正好說明了太平宮香火，傳承自福建原鄉漳浦縣。歷經數百年，這張供桌至今仍在使用中。它懸於高樑上，年代記爲同治四年（1865）的「太平宮」木匾，它與正殿內鑄於同治五年（1866）的古老香爐，都是富有歷史元素的故事題材。

從上述的「太平宮鎮宮三寶」，引發出一個問題：太平宮是在嘉慶十一年（1806），由地方鄉紳發起籌建的，嘉慶十二年（1807）開始建造，可是流傳下來的古物，只有太平宮鎮宮三寶，且都是同治年間的物品。原來早在同治年間的咸豐三年（1853），新店安坑地區，曾發生激烈的族群衝突。原居住在新店溪東岸，大坪林聚落的泉州族群，襲擊了新店溪西岸，安坑聚落的漳州族群，並燒毀漳州族群的信仰中心——太平宮，且奪走開漳聖王等神像。這可說是清代時期，移居臺灣的不同族群先民，因墾地、水權與經濟利益等因素，引發族群衝突的縮影。因爲曾經發生這樣的歷史事件，因此，太平宮的古物，只剩下清朝同治時期留下來的「太平宮鎮宮三寶」。從耆老的

〔註74〕乩童在操練「五寶」等法器時，旁邊助理皆會以嘴噴灑米酒，此種情形常見於全臺灣所有的廟會乩童操演。近年來，也有部分宮廟乩童操演時，使用手持式噴霧器，瓶內裝消毒用酒精。

口中得知，他們對開漳聖王是充滿崇敬的，而對傳說的部分，則是特別強調神蹟，因此，似乎添加了很多「神話」的劇情。譬如開漳聖王顯靈，提醒當時西岸的漳州先民，東岸的泉州人會渡河來襲，因而避免了更大的衝突傷亡。雖然安坑地區與太平宮，有很多的歷史事蹟和傳說，內容都已不完整，但是因為有實物「太平宮鎮宮三寶」存在，彷彿當年的漳、泉先民，彼此憤怒、爭奪、械鬥的場景，又歷歷在目〔註75〕。

（二）太平宮高麗狗傳說

太平宮高麗狗的傳說〔註76〕，是一個與太平宮開漳聖王，有關的信仰傳說。故事起源於一對石雕，安置於太平宮山川門正中間，雕製於日本統治時期，輾轉留存下來的石雕「高麗狗」〔註77〕。這對石雕高麗狗，具端莊威儀又不失可愛，高度約一公尺左右，採前腳直立後腿下坐姿勢，相異於一般廟宇，常見的鬃毛捲曲、線條剛硬、型態較威武的南方石獅傳統造型。

這對石雕高麗狗左右兩隻完全相同，不分雌雄，不像一般廟宇擺放的形式，採左為「公獅子戲珠」，右為「母獅子護幼獅」的作法。這對石雕高麗狗，原是日本統治時代，安置於「文山神社」，也就是今日太平宮左後方的空軍公墓。如今這對石雕高麗狗，選擇安置在山川門守護太平宮，已成為它的一項特色，相較於兩旁兩對傳統石獅子，顯得格外靈氣俊秀。

過去當地居民，曾將石雕高麗狗穿鑿附會，成為地方傳說的主角。據說，石雕高麗狗於夜間時，會到處亂跑〔註78〕。因為是「日本狗」，所以二戰結束，日本撤離臺灣之後，牠也很想要回日本去，可是只要天一亮，石雕高麗狗就又得乖乖的，回到廟門口來看守，如此日復一日，年復一年。

因為上述的傳說，若仔細觀察這對石雕高麗狗，會發現石雕高麗狗有雙

〔註75〕張錦霞等編輯：《安坑拾珍》，新店市：新店市公所，二〇〇三年，頁23。「在傳統閩南語發音的臺灣舊地名中，『坑』通常泛指地勢較低平且狹長的地方。由於安坑地區有許多山谷與溪流夾帶的狹長平地地形，尤其是內五庄地區，因此以『坑』為名的地方還有瓠仔坑、樟茇坑（舊名為樟腦寮坑）、薏仁坑、小粗坑、大粗坑、大楠坑、闊水坑、深坑等。」新北市新店區北新國小：《新店一把罩》，板橋市：新北市新店區北新國小二〇〇四年，頁153。「此外，整個新店地區除了安坑之外，也有許多與『坑』有關的地名，例如小油車坑、員潭子坑、過橋坑、大粗坑、小粗坑、稻子園坑、湖閃坑、雙坑、打鐵坑等。」

〔註76〕同上註，頁24。

〔註77〕「高麗狗」亦稱「高麗犬」，一般民間都稱之為「日本狗」。

〔註78〕相似的傳說也見於臺南市赤崁樓的石馬，以及嘉義太保鄉王得祿墓的石人與石獸傳說。

楚楚可憐的哀怨眼神。還有另一傳說故事，傳說臺灣光復之後，因爲當地住民，爲了平息心中，對日本人統治時期的不平與憤恨，才故意將這對原本置於日本神社的石雕高麗狗，「懲罰」牠們爲太平宮永遠看守廟門。

總之，姑且不論「高麗狗傳說」的合理性與邏輯性，如今這對石雕高麗狗，因爲高度低矮且造型可愛，已成爲小孩子於廟門前玩耍時，當作坐騎與休息的玩伴。這些相關的信仰傳說，其實也間接說明了地方歷史與文化，以及太平宮的滄桑歲月。

（三）「安坑孝女廖氏嬌紀念碑」故事

「安坑孝女廖氏嬌紀念碑」位於新北市新店區安坑國民小學內，源於日本統治時期，爲一位名爲「廖嬌」的孝女建立的紀念碑，此碑於民國九十一年四月八日（2002）公告爲「臺北縣縣定古蹟」（民國一百年六月十五日更名爲「新北市直轄市定古蹟」）。石碑正面篆刻著「特賜褒狀孝女廖氏嬌記念碑」十二個字，背面則刻著「六年二月十五日歿安坑公學校同窓會建」十七個字。原本在石碑後側的「六年」上方還有「大正」兩字〔註79〕，但已在第二次世界大戰日本敗戰，臺灣光復後，遭人因「仇日」因素而予以敲除〔註80〕。

據當時的安坑國小總務主任廖文志表示〔註81〕，石碑於民國六十年（1971）遷移到安坑國小後側校園內，後來不知去向，直到三十年後的民國九十年（2001），校園因進行校舍工程整地時，發現石碑已被土石掩埋多年。在重新安置石碑的過程中，校方人員原本打算將石碑，暫時存放到二樓的校史室，但在將石碑搬進電梯後，竟然發生了奇異的狀況，電梯不知何故莫名的故障了，立即請電梯廠商技師來維修，也無法恢復正常運作。當時有人遂聯想到「靈異事件」，懷疑是不是廖嬌生前未曾坐過電梯，因此不敢搭乘，不願意進入，後來工作人員依臺灣民間信仰傳統習俗，焚燒銀紙祭拜廖嬌說明原委，「無巧不成書」電梯隨即恢復正常運作，讓在場的眾人無不心存虔敬之心。石碑最後經重新整理完成，豎立於該校操場跑道旁，供全校師生及居民緬懷其孝行。

廖嬌（一九〇三年八月十日～一九一七年二月十五日）是日本統治時期

〔註79〕「大正」爲日本天皇年號，時期爲一九一二年七月三十日至一九二六年十二月二十五日。

〔註80〕「大正六年」爲一九一七年，可推知石碑設立時間爲一九一七年之後。

〔註81〕廖文志今爲新北市板橋區文聖國小校長。

「文山堡安坑庄」人，家住「臺北廳文山堡安坑庄三城六十番地（今新北市新店區雙城里）」。廖嬌的祖母、父母親都雙眼失明，同住的伯母則是聾啞，父親以占卜算命爲業，勉強維生。廖嬌小小年紀即須協助母親料理家務，同時照顧兩名弟弟，假日則帶著盲父到市集擺攤算命。廖嬌生長在如此不利的家庭環境中，仍在「安坑公學校」認眞求學〔註82〕。廖嬌的孝行深獲師長們肯定，並給予推薦表揚，在大正四年（1915）十二月二日獲臺灣總督府授予褒揚狀。

依據『安坑孝女廖氏嬌紀念碑』背面的「六年二月十五日歿」字樣可知，廖嬌於大正六年（1917）二月十五日去世，相傳原因是因爲至山上欲拾撿柴枝回家生火，不幸被大樹幹壓傷致死。廖嬌不幸逝世後，由「安坑公學校同窓會」（即「同窗會」、同班同學）爲其立碑懷念〔註83〕。

（四）安坑車子路與「剖人埔」傳說

「安坑車子路與『剖人埔』」傳說的背景是在日本統治時期。當時新店區安坑地區的「車子路」（顧名思義爲「車子行走的路」）〔註84〕，在日本統治時期，此地已有便捷車道可供車子行走，故取名爲「車子路」。在這個區域附近，曾經傳說發生日本人大批殺人的事件，故此地也被當地耆老稱爲「剖人埔」〔註85〕。

類似的「『剖人埔』殺人事件」，因爲是地方耆老口述傳說，並無專書或史料記載，但經研究者探訪與研究結果，推論與日本統治時期的抗日活動有關。主要的傳說故事內容架構，就是日本統治初期，臺灣人民群起激烈反抗，這些「抗日義軍、義士」，全被日本政府冠上「土匪」與「叛亂份子」之名。日本軍警仗著人數與武器裝備上的優勢，逐漸的就弭平了各地的抗日組織與抗日份子。在這段過程中，很多抗爭與征剿的故事，不斷的被傳延開來。

安坑的「剖人埔」位於大貢尖山下的一小塊平埔地，據傳地點就在「車子路庄」入口處的前方，今日「清曉橋」的旁邊。傳說起源於日本軍警，爲

〔註82〕日本統治時期的「安坑公學校」，即是今日的新北市新店區安坑國民小學。
〔註83〕閩南語「同窗」，即是指同年段學習的同班同學而言。
〔註84〕「車子路」是路名，是安坑地區當地的一條道路，可通往「達觀社區」與「黎明清境社區」。「車子路」也是地名，是安坑地區當地耆老習慣的舊地名稱法，至今仍在使用。
〔註85〕「剖人埔」爲閩南語稱法，與「殺人埔」意思相同，意指「殺人的埔地」。「埔」爲閩、粵方言，泛指平坦的地方，例如：「埔墘」、「新埔」、「後埔」、「大埔」、「埔里」、「平埔」、「草埔」、「山埔」、「溪埔」等。

了剿滅安坑地區的「土匪」（當時的「抗日英雄」），連續捉拿了附近聚落數十人，「寧願錯殺一百，也不可放過一人」，於是「就地正法」，全部在此地槍決，再挖個大坑痛全數掩埋……從此之後，「剖人埔」就成為這裡的地名，與一段流傳的傷心傳說。

在「剖人埔」附近有一座「文山新村」，這是為當年國共戰爭時，自大陳島撤退的官兵，所興建的「大陳義胞村」，「剖人埔」就是在「文山新村」村口處旁的竹林裡。軍人有浩然正氣，「剖人埔」在軍人的眼中，就只是一片竹林地而已。

許多抗日義軍、義士在抗日時，都會以地型較為隱蔽的山地區域作為根據地，以達易守難攻之效；抑或是被日本軍警剿滅的末期，敗逃到山林裡躲藏。新店溪流域中、上游皆為山地地形，因此，相關的抗日故事遂因而產生。「安坑車子路與『剖人埔』傳說」與「新店塗潭『土匪窟』故事」就有非常相似的歷史背景，而且由衛星圖查看地理位置，兩者之間也有地理位置的關聯。

（五）安坑薏仁坑木柵故事

「安坑薏仁坑木柵故事」是講述清朝時期，拓墾安坑薏仁坑地區土地的漢人先民，與泰雅族原住民爭搶生存空間，所發生的衝突故事。「木柵」是當地舊地名，就是今日的「臺北小城社區」山坡地一帶，目前此地的地籍資料，還是記載著「木柵小段」。

安坑薏仁坑的「木柵」與臺北市文山區的「木柵」，同名也同義，都是指「木頭製作的柵欄」，由護衛的安全設施，引申成為當地的地名。「木柵」的目的是漢人先民拓墾該地時，為了圍阻防範當時泰雅族原住民與盜匪的侵擾，由此可見新北市新店與臺北市木柵的地緣關係。

薏仁坑木柵位於新店溪流域中游西岸的安坑地區，就在安坑外五庄與內五庄的交界處附近，居於頭城（車子路）與雙城（二城）之間，地勢由平緩逐漸高起，「木柵」就築於整片高起的山坡地上，東靠安坑地區最高的山脈「大貢尖山」，西面狹長的五重溪河谷地，地理形式易守難攻，戍衛著拓墾先民的身家財產，也記述著原住民與漢人衝突的血淚故事。

日本統治時期昭和十三年（1938），日本人安倍明義的《臺灣地名研究》，將「木柵」納歸於「防蕃建築物」類別，加註說明乃「防蕃設備」；洪敏麟在

《臺灣舊地名沿革》〔註86〕，將「木柵」列於「防禦設施與界牌」地名類中，並解釋「是往昔禦番設施之一。」

「木柵」設立的目的是爲了「防番、禦番」，表達出保家衛鄉的決心，也具有安定人心的作用。《孟子·梁惠王下》：

> 滕文公問曰：「滕，小國也，間於齊楚，事齊乎？事楚乎？」
>
> 孟子對曰：「是謀非吾所能及也。無已，則有一焉。鑿斯池也，築斯城也，與民守之，效死而民弗去，則是可爲也。滕文公問曰：「齊人將築薛，吾甚恐。如之何則可？」孟子對曰：「昔者大王居邠，狄人侵之，去之岐山之下居焉。非擇而取之，不得已也。苟爲善，後世子孫必有王者矣。君子創業垂統，爲可繼也。若夫成功，則天也。君如彼何哉？彊爲善而已矣。」〔註87〕

木柵雖不如石造磚疊的城牆堅固，但取材與建造都較城池容易，也無需大量人力才可行，且又可在較短期的時間內建置完成，較適合安坑內五庄拓墾時期的需求模式。在面對安溪泉州族群與泰雅族原住民的侵擾之下，木柵具備和城池相同的防禦力，在拓墾工作與身家性命財產安全上，也多了一道重要的防護措施。

在清朝統治的拓墾時期，臺灣各地拓墾先民，爲了防禦「番禍」（「番害」），因而發展出「木柵」、「竹圍」、「土城」等相似名稱的聚落〔註88〕。安倍明義的《臺灣地名研究》中列舉了三個「木柵」。一是當時的「臺北州文山郡新店庄」，二是「臺北州文山郡深坑莊」，三是「高雄州旗山郡內門庄」。臺北州文山郡新店庄的木柵，就在今日新北市新店區公崙里的薏仁坑、大茅埔一帶，延伸至雙城里頭城區域，這裡的地形是屬於靠近山邊的丘陵地，現在建有「達觀」、「黎明清境」、「臺北小城」與「玫瑰中國城」等大型社區；臺北州文山郡深坑庄的木柵，就在今日臺北市文山區（「木柵區」與「景美區」於民國七十九年三月，臺北市調整行政區爲十二區，合併成文山區）〔註89〕；

〔註86〕洪敏麟（1929～2014），臺灣知名地名沿革權威及歷史學者，曾任臺灣省文獻委員會編纂。

〔註87〕參閱漢·趙岐注、宋·孫奭疏《孟子注疏》，（臺北：藝文印書館阮元校勘十三經注疏本，二〇一三年一月）。

〔註88〕「柵」、「圍」、「城」等防衛式名稱的聚落，與「堡」、「寨」、「砦」等同類型的防衛式聚落，意義相同。此類防衛式的聚落，通常出入只靠少數的管制門，有助於平時的守衛，也有益於族群衝突時的防守。

〔註89〕「木柵區」在隸屬臺北市以前，原歸屬「臺北縣」，爲「木柵鄉」，民國五十

高雄州旗山郡內門庄的木柵，就在今日高雄市內門區「三平、木柵、內興」三里。除了這三個「木柵」之外，全臺灣也還有一些地方的舊稱、俗稱與「木柵」相關，但也有一些地方已更新了地名。

（六）雙城原漢族群衝突故事

位於新店安坑雙城潤濟宮內，有一塊「中興碑銘」，碑文中敘述：「茲我安坑內五張庄，當未成立以前，林密谷暗，山南一帶凶番攀踞，風土未純，民屢受困，咸謂不藉神力，不能安居樂業，以保境而庇民乎。」〔註90〕日興宮也有一幅楹聯敘述：「闢閩地開霞漳，驅兇番成墾業。」〔註91〕可知過去先民移墾時代的艱辛，充滿了血淚事蹟，這些都是屬於在地移墾聚落的信仰傳說，傳說內容大多離不開族群衝突時，神明顯靈護佑鄉民的內容。

新店安坑地區，地形屬於屬於溪流山谷與河階狹長平原，複雜且分離的自然地理，因而產生不同地理區塊的移墾聚落。這些移墾聚落自東向西而列，也就是約以永豐圳上游至下游的方向，再銜接五重溪，由五重溪下游往上游方向分布，計有「大坪頂、頂城、下城、安溪寮、十四份、柴埕、頭城、薏仁坑、大茅埔、二城（雙城）、三城、四城與五城」等移墾聚落，其中除了「安溪寮」之外，多是偏向屬於傳統漳州族群較多的區域。因此，安坑大坪頂太平宮主祀開漳聖王，安坑三城日興宮配祀開漳聖王，這就是典型的漳州移民信仰，都是屬於開漳聖王信仰圈。

這些移墾聚落，從新店溪畔一路往安坑山區分布，可看出當年拓墾的時間順序，也可推估拓墾時，受到當時泰雅族原住民，抵抗侵擾的情形。因此，由地名為「城」即可看出，當初防禦上的必要需求。時至今日，這些移墾聚落，尚殘存一小部分的刺竹林、土牆或石牆，印證拓墾歷史，以及族群衝突傳說。

因為有上述的歷史與地理背景，所以原漢族群衝突的傳說就非常的多，許多的殺戮事件，輾轉流傳在當地人的閒聊中，譬如在頭城、大茅埔一帶，就傳說曾有很多人被殺（無法證實是何族群），而流傳「剖人埔」的地名故事。

六年臺北市升格為直轄市，民國五十七年「景美鎮」與「木柵鄉」始併入臺北市管轄，並改為「景美區」和「木柵區」。《臺北縣志》：「本鄉地區，代有木莊，開闢之始，於地設柵防番，故名。」「木莊」與「設柵」遂合成「木柵鄉」。

〔註90〕直接抄錄自「中興碑銘」。
〔註91〕直接抄錄自廟中楹聯。

由此也可推知，爲何從下城至五城，會有許多「大墓公」（亦稱「有應公、百姓公、百姓爺、萬姓公、萬姓爺、大眾爺」等）的小廟或祭祠的原因了。比較可惜的是，這些與信仰及原漢族群衝突有關的故事，都較零星且片段，需要更多的資料佐證，才能較具說服力。

（七）潤濟宮易經卜卦命名故事

關於新店安坑雙城潤濟宮，卜卦命名的故事，必須先了解潤濟宮的歷史背景，以及崇祀神祇。潤濟宮祭祀的神明很多，除主祀的「三官大帝」外，還有配祀「觀音菩薩、神農大帝、五穀先帝、九天道祖與王天君」等，最值得一提的是，主祀的三官大帝，以及配祀的九天道祖和王天君，這五尊神像，是用同一塊樟木雕刻而成，這是異於其他廟宇，相當獨特的一件事情。

潤濟宮另有一間附祀的龍神廟，就位於潤濟宮的後方，是原本潤濟宮的舊廟，廟壁的石柱上，還刻有安坑地區，內五庄的移墾聚落名稱，以及奉獻石柱者的名字，這都是屬於相當珍貴的文化資產，也是潤濟宮的獨有的特色。此外，存放於潤濟宮廟中，於每年農曆三月二十三日，媽祖聖誕巡遊時，所專用的神轎，多年來一直與太平宮和日興宮共同使用，顯現了地方歷史文化交融，以及移墾聚落彼此間，相互協助，互動關連的情形。

臺灣的民間宗教信仰，都會有一些所謂經神明指示，「卜卦」、「託夢」、「降乩」、「顯靈」或「顯聖」的故事，幾乎已成爲了一種生活上或信仰上的「常態」。譬如臺灣春節或慶典時，常見的「擲筊贏金身」，以及「擲筊得汽車」等活動。在屈尺地區，也有岐山巖清水祖師顯靈，賜名「屈尺岐山巖清水祖師廟」的傳說故事。安坑雙城潤濟宮於初創時期，則有一個卜卦命名的傳奇故事。

潤濟宮的副主任委員游松雄先生，是雙城當地的耆老，據他表示，當初廟宇籌建之時欲取廟名，爲求愼重，也爲能保存在地精神，於是由當時的地方頭人——廖世協、游學海、邱神恩與林青露四位的生辰八字，卜算易經八卦。卜卦結果，廖、邱、林三人分別卜出「潤」、「濟」、「宮」三個字，唯獨游一人卜不出任何字來，所以就取「游潤濟宮」四字來做爲廟名〔註92〕。經過多年之後，將廟名中的「游」字省略不用，就成爲現在的廟名「潤濟宮」。由於神明指示顯聖，護佑鄉民拓墾順利，免於族群衝突傷害，因此，當地住

〔註92〕此種命名方式尚屬少見。「游潤濟宮」四字的廟名，無論字義還是發音，感覺上都有些有拗口不順。

民皆虔誠敬拜，祈祝平安。

（八）「祈禱必驗」傳說

三官大帝掌管了「天堂、地府與水域間」的一切事物，臺灣民間視之為極其崇高的神祇，有所謂「天官賜福、地官赦罪、水官解厄」的說法。進一步說，三官大帝有對世人與亡魂，「賜予福份、赦免罪過、解除災厄」的權能。

三官大帝的神格地位，僅次於玉皇大帝，在當時來臺移墾先民的心裡，具有「鎮番」的功能。因此，三官大帝被所有當地的移墾先民所奉祀，這也就是臺灣鄉土神明，展現出來的深厚信仰力量。三官大帝由自然之神，轉化為人格神。此種自然神的人格化，其實是民間信仰的普遍趨勢，臺灣民間所信奉的土地公、玄天上帝與城隍爺等諸神，都是經過「人為加工」之後，才轉為人格神。

潤濟宮主祀神祇是三官大帝，主要的祭祀範圍，包括安坑車子路到五城一帶。當時由於暗坑（今稱為安坑）瘴癘瀰漫，疫病橫行，再加上泰雅族原住民出沒，造成墾民生命相當大的威脅，於是墾民們祝禱於三官大帝，許多的神奇傳說也因此產生，潤濟宮也就成為安坑內五庄住民的信仰中心。

潤濟宮的碑文提及「防番災厄，每禱必驗」，乃是歌頌三官大帝防番禱驗的神能，也證明三官大帝在居民心中的「鎮番」神力。譬如墾民們於工作前，必須祝禱於三官大帝，則一切平安無災；若沒在工作前祈禱三官大帝庇佑，則會發生與泰雅族原住民衝突的事件。相關的類似敘述，也出現於日興宮的楹聯：「闢闒地開霞漳，驅兇番成墾業。」雙城與三城這兩個移墾聚落，具有相同地理位置，拓墾也有連帶關係。在拓墾初期，雙城與三城的先民，都受到族群衝突的影響而不安。這些相似於於神話的傳說，總成為當地居民茶餘飯後的話題。因此，三官大帝理所當然的，成了安坑內五庄地區的守護神。

第三章 新店溪流域移墾聚落型態與空間配置

　　北臺灣新店溪流域，在十八世紀清朝統治時期，大量閩、粵漢人入墾開發以前，幾乎全是泰雅族原住民族群的活動範圍，只是不同的區域，各自存有當地特定的部落。漢人陸續入墾之後，墾拓的區域由平原地區，逐漸推移到山地區域，因此，原本自然天成，未曾有人工開發的山地區域，漸漸出現群聚的移墾聚落，以及商業活動的熱鬧街道。這些入墾漢人的群聚地點，自然也就成為日後，接續進入山地開發的據點。因為生活空間的侵犯，生存資源的掠奪，無可避免的原漢衝突問題〔註1〕，自此不斷發生。

　　擁有同樣血緣的漢人族群，彼此之間也有一些競爭紛擾，譬如水資源與土地取得的衝突，以及拓墾利益分配的糾紛。因此，遂逐漸演變發展出，臺灣移墾聚落常見到的，拓墾型社會的資源競爭型態，形成特殊的在地組織結構，以及在地文化意象。

　　清朝統治時期，由臺灣許多地方性的歷史故事，可看出當時的社會環境，確實缺乏政府統治力，進行積極有效的管理，因此，當地住民自然發展出在地的地方自治組織，以及集體拓墾的農業模式。上述的論點，在北臺灣新店溪流域的各個移墾聚落，都可看到相同或類似的模式。由此可見在移墾的過程中，不論是遇到自然環境的限制，還是族群之間的衝突，都可透過聚落的宗族力量，或是社會自治組織來處理，以保障聚落住民的生存權，同時維護

〔註1〕當時的漢人將與原住民的衝突稱為「番害」，此種說法是站在漢人的優越感，表現出來的強烈族群歧視，現今追求族群平等與公平正義，已不再使用此類貶抑詞。

農耕生產與經濟發展。

　　新店溪流域移墾聚落的組成形態、地理位置分布、生活模式與文化背景，相當的豐富多元，各聚落住民的日常作息、婚喪喜慶、宗族規範等社會原素，也都有所差異。早期傳統住民的世代，譬如現在的地方耆老，他們仍然習慣於傳統農業社會，規律的作息與生活形態，至今仍以農民曆作爲平日生活，以及歲時活動的依據。因此，深究新店溪流域地理環境特質與開發歷史，再探析移墾聚落的演進，才能歸納出移墾聚落的型態與空間分布，再接續第四章「新店溪流域信仰圈分布研究」，爬梳不同的神明信仰圈，瞭解彼此之間的發展沿革與信仰文化內涵。

第一節　移墾聚落型態

一、移墾聚落的歷史因素與社會發展

　　明、清時期，渡過「黑水溝」來到臺灣的拓墾先民，大部分都是來自閩、粵二省，而這兩地的農耕移墾聚落，大多屬於「集居型」（compact villages type），因此，這些最初來到臺灣拓墾的漢人，自然沿襲集居型的聚落模式。北臺灣的拓墾先民，當時來到新店溪流域開墾時，平原地區已是平埔族與泰雅族原住民的活動區域，部落散布各地，譬如今日新北市中和區秀朗一帶，泰雅族的「秀朗社」〔註2〕。所以拓墾漢人只能向原住民「番社」〔註3〕，租領尚未開發的土地，從事開墾。

　　漢人和平承租土地進行開墾的情形，例如屈尺地區的開發。不過也有一些漢人族群，是直接與原住民族群進行競爭掠奪，造成族群之間，似乎永無止境的衝突。原漢衝突情況不斷發生，拓墾漢人基於共同防衛，以守護身家性命財產的需要，於是發展成集居型移墾聚落的形式，並在聚落四周建築石牆、土牆、木柵，或是種植茂密的刺竹林（爲了統治與管理上的考量，也顧慮「民變」的問題，因此清朝政府不允許民間建設高大「城牆」或「城池」式的防衛設施），以防備原住民與盜匪的侵害。清朝統治時期，也在原住民與

〔註2〕原住民組成群聚性的部落，也常成爲地理名稱，例如：「番社、蕃社、新社、舊社、大社」等地名。

〔註3〕「番社」也記爲「蕃社」，清朝統治至日本統治時期原住民部落的稱法，具族群歧視意涵，今已不再用。

漢人活動領域相接的地方，設置「土牛線（土牛溝）」〔註4〕、「民壯組織」與「隘勇制度」，避免原住民與漢人雙方因接觸而發生衝突事件。

　　在「族群拓墾」的研究議題上，必須透過歷史事實的整理，瞭解各族群在拓墾時，如何獲得土地、經營耕地、引水灌溉、分配資源、行使權利義務，以及如何處理族群衝突、共處或合作等等的問題，這些都是同時代的臺灣各地，普遍發生的相同狀況。例如清朝時期，臺灣許多平地與山區交界的地帶，譬如新店溪流域中、上游，因官府在地方事物與治安維護上，並未積極管理，也沒有明確的作為，因此，無法確保拓墾漢人的安全，所以在移墾聚落中，都會設置防衛設施以求自保，包括房舍與宮廟，也都會有防禦的設計。例如新店廣興地區的「城上」，就是一座典型的防禦性移墾聚落，過去城上四周圍種植大量刺竹林，還有利用天然地勢及磚石堆砌高牆，以作為防禦設施。城內房屋交錯，巷道彎曲複雜，具有防盜禦賊的功能。城上的長福巖清水祖師廟，廟宇牆壁上還設計有「槍眼」，防護程度有如軍事堡壘一般。在這裡也流傳著擊斃來犯原住民的故事，令人感嘆拓墾先民生活的不易。

　　相對於臺灣南部，因為荷蘭時期的「結首組織」〔註5〕，明鄭時期的「營盤制度」〔註6〕，以及「隘寮聚落」所形成的「集居型」移墾聚落〔註7〕，臺灣北部平原上，大多是屬於「散居型」（scattered villages type）的聚落〔註8〕。因為地理環境與特殊地形的影響，以及原住民族群生活領域的關係，原住民族群與漢人族群的衝突事件，較常見於山區地帶。北臺灣新店溪流域，在山地區域以及溪谷狹長平原，也有許多屬於集居型的移墾聚落，因為拓墾初期頻受泰雅族原住民侵擾，因而形成四周設有屏障防衛的集居型聚落，由地方文獻資料，以及實地田野探勘調查，都能得到印證〔註9〕。此外，由地名的命

〔註4〕　清代「漢番分界」的土壘。挖掘長溝，形成長長的土壘，以此土壘為分界線。臺中市石岡區有一所「土牛國小」，印證拓墾先民的開發史。

〔註5〕　「結首組織」亦見於蘭陽平原的開發。例如「一結」、「二結」、「三結」、「四結」、「五結」等，表示拓墾集團組織，以及結首分段數的地名，即是例證。

〔註6〕　因為營盤的屯田，會形成集居型的聚落。

〔註7〕　以官隘或私隘的「隘寮」為中心，所形成的聚落。

〔註8〕　富田芳郎著、陳惠卿譯：〈臺灣的農村聚落型態（Y. Tomita, On the Rural Settlement Form in Taiwan）〉，《臺灣地學記事》第四卷第二期（一九三三年），頁11～14。同期刊第四卷第三期（一九三三年），頁18～24。

〔註9〕　雖然現今的地形地貌，與當初的「歷史現場」，已有相當大的改變，但是部分地區還是留有「歷史遺跡」，許多當時住民所設的防衛設施，包括刺竹林、土圍與石圍，至今還留存著。

名法，也能輕易分辨出「傳統防衛集居型聚落」，例如新店安坑有「頂城、下城、頭城、二城（雙城）、三城、四城、五城」，都是使用「城」字命名的移墾聚落〔註10〕。又例如其他區域，也有「同字」或「同義」的地名，例如「土城（新北市）、土城仔（臺南市）、木柵（臺北市、新北市）、頭圍、二圍、湯圍、竹圍（臺北市〔註11〕、新北市、桃園市、高雄市）、大竹圍（宜蘭縣）、壯圍、土圍」等等。這些有「城」、「圍」和「柵」之類的地名，顧名思義就知道是表示防禦設施的意思。由此可知，新店溪流域漢人先民拓墾之初，為了共同防禦敵人，而逐漸發展成擁有防禦設施的集居型聚落。

由地名「望文生義」，能約略得之當地的歷史狀況，例如淡水河流域中游，至今還留有「三張犁、四張犁、六張犁」，與開墾面積有關聯的地名。清朝時期「五甲」為「一張犁」，因此，這樣的「度量衡」地名，也直接說明了土地開墾面積的大小。此外，在新店溪流域下游東岸的大坪林一帶〔註12〕，還有「二十張、十四張、十二張、七張、寶斗厝」〔註13〕等沒有「犁」字，只剩「張」字的地名。不管是「犁」還是「張」，都可因此推論得知，當年「有幾頭牛在這個區域犁田」〔註14〕。另外，新店安坑外五庄地區，還有「十四分（又作十四份、十四份子）」〔註15〕、「上五十六分」、「下五十六分」、「六十三分」、「九甲三」等「計數型」的地名，新店清潭地區也有「六分」、「十分」、「十二分」、「十六分」、「四十分」〔註16〕等計數的地名，這

〔註10〕 以「城」為名，表示設置有為了防禦原住民、盜匪與「漳、泉械鬥」的防禦設施，例如土牆、石牆、木柵、刺竹林叢以及瞭望臺等。相似的地名命名，蘭陽平原也有，例如「頭城」與「二城」。

〔註11〕 景美區竹圍（今日景文街景美國小南側），文山區景美集應廟最初建廟處。

〔註12〕 「新店庄」最早期拓墾區域之一，如今已完全都市更新，不復當年開發情景。

〔註13〕 大坪林地區的「二十張、十二張、七張與寶斗厝」等移墾聚落，開墾時間約在清朝乾隆初期，那時就已有福建泉州安溪的漢人先民來拓墾，但也有一些被閩南人同化的客家人，稱「福佬客」或「閩客」，例如二十張的蕭妙興即有客家人血統。清朝乾隆初期大坪林地區也成為清代的官庄。

〔註14〕 另一種說法是以幾人為一組，因共同開墾而命名的地名。由「二十張、十四張、十二張、七張、寶斗厝」，拓墾耕地的序位來看，似乎是隨著時間發展越到最來，共同合作的人數也越來越少。

〔註15〕 「分」是「組成整體的單位」，也就是「整體中一個單位」，同「份」。故常見「分」與「份」混用與雜用。源自於新店碧潭西岸的「永豐圳」（安坑圳）在十四分匯入五重溪（安坑溪）。

〔註16〕 在實際地名上「分」常與「份」混用。「四十分」今為「新店四十分公墓」所在地，位於新店翠峰路一○○年之一號。

些都是與「犁」字和「張」字相似意思的地名。接近新店溪上游的屈尺移墾聚落，開發最初期共有五十六人共同拓墾，所以在當年屈尺地區又叫做「五十六份」〔註17〕。

　　除了原住民族群與漢人族群的衝突，漢人移民之間也會因祖籍不同，血源相異而發生衝突械鬥，例如「閩客械鬥」、「漳泉械鬥」（新店安坑漳州籍與大坪林泉州籍械鬥）、「頂下郊拚」〔註18〕。因此，綜合上述論點，漢人先民移墾形成集居型聚落，是現實的考量，也是性格的使然，更是必然性的趨勢。再者，因歷史因素與社會發展，所導致集居型移墾聚落的形成，考慮各種主、客觀條件，從社會性、經濟性與政治性的歷史發展來看，其原因還有自然環境的適應，以及疫疾的威脅，這些諸多因素，直接或間接的促成移墾先民，因「情勢所逼」而必須團結群聚，以利生存發展。

二、原住民部落與漢人移墾聚落原型

　　臺灣的移墾聚落形成，主要是肇因於漢人移民拓墾，因爲地理環境特質不同，開發歷史沿革也相異，例如臺灣南部乾、濕兩季的差異，遠比北部的狀況明顯。因此，形成臺灣北、中、南三個區域，各自不同的移墾聚落發展型式〔註19〕，不過，卻也有部分類似的地方。另一種研究移墾聚落的劃分方法，是以臺灣南、北地域區分，一般常用的劃分方式，是以濁水溪流域爲界，彰化縣以上爲廣義的北部，雲林縣以下爲廣義的南部。無論是三分法還是二分法，主要的意義就是對比出，臺灣島上東、西、南、北不同的區域，都各自有不同的移墾聚落形式和歷史，也各自有不同的故事和傳奇。

　　早在漢人來到臺灣之前，全臺灣就已散布著，難以計數的原住民部落。臺灣早期是從南部開始發展起，荷蘭統治與明鄭時期的南臺灣拓墾，當時的原住民聚落型式，無論是山地區域的原住民，抑或是平原區域的平埔族，幾乎都是較多「集居型」的形態，而「散居型」的型態則較少。這些原住民部落，以數十戶或數百戶爲一「社」，例如本論文中提到的「秀朗社」（「雷朗社」）

〔註17〕「五十六份」亦寫成「五十六分」。

〔註18〕「頂下郊拚」又稱「四縣反」，一八五三年發生於艋舺（今臺北市萬華區）的分類械鬥。以泉州三邑人（晉江、惠安、南安）爲主的頂郊，和以泉州同安人爲主的下郊或廈郊械鬥，結果同安人敗走大稻埕，間接促成了大稻埕與大龍峒的開發。

〔註19〕一般常用的劃分方式是以大安溪流域和濁水溪流域爲界，大安溪流域以北爲北部，大安溪流域和濁水溪流域之間爲中部，濁水溪流域以南爲南部。

和「屈尺社」（「屈尺蕃社」、「屈尺番社」）、「馬來番」等等。這些原住民不分族群〔註20〕，為了防禦的需求，會在部落四周種上竹子，或是設置竹籬巴，這就是集居型部落的典型形式之一。另外，還有少部分原住民與漢人的聚落型式，是屬於雜居型的聚落，以及原住民部落與漢人聚落坐落的位置，是互相交替的情形。

北臺灣的大淡水河流域，在清朝時全面性的開拓時期，遠遠比南部荷蘭、明鄭時期的開拓時間點晚，因此，在漢人拓墾先民移入的當時，就已經存在許多的原住民部落〔註21〕。這些原住民部落，可大略粗分為平原區域的平埔族、凱達格蘭族，還有山地區域的泰雅族。北臺灣淡水河流域中、下游的平原地區，原本原住民開墾的面積就不大，清朝統治後期所形成的移墾聚落，以及維護拓墾安全的防禦設施〔註22〕，大多已臻完備，並發展成熟，之後原漢衝突也漸趨緩和。在無後顧之憂的情形下，漢人移民漸漸能自由進行拓墾，在以集居型移墾聚落為主的發展趨勢下，也有部分散居型移墾聚落產生，甚至於後來的漢人拓墾移民，也有少部分做了不一樣的選擇，生活在比較方便的原住民部落，或是在部落附近居住。

新店溪流域雙溪口以上的區域，幾乎完全屬於泰雅族原住民的傳統區域。泰雅族原住民先祖移入烏來地區的時間，最早可推溯到一七四〇年以前，先祖們自南投縣仁愛鄉北遷，在今日的新北市烏來區形成傳統集居型聚落。最初的傳統部落雛型，是由福山部落開始建立，之後沿著阿玉溪峽谷進入烏來地區〔註23〕，再二分兩個方向，繼續沿南勢溪往北拓展遷移，以及上溯桶後溪尋覓，選擇適合居住的地方。

泰雅族先祖們最終選擇瀕臨河流，但地勢相對高出很多的河階臺地，作為築屋建房的所在，同時漸漸形成接近傳統集居型的部落（夾雜部分散居型房舍）。例如福山部落（舊名為「李茂岸」）〔註24〕、信賢部落（舊名為「蚋

〔註20〕臺灣的原住民族，至今已分成十六族。
〔註21〕當時的漢人將原住民部落稱為「番社」或「蕃社」，此種說法有強烈的族群歧視意味，現今追求族群平等，已不再使用此詞。
〔註22〕北臺灣淡水河流域中、上游大臺北盆地四周，屬於原漢邊界的防禦設施，例如「土牛溝、隘勇線」。
〔註23〕南勢溪總長約四十五公里，支流包括哈盆溪、扎孔溪、大羅南溪、內洞溪、阿玉溪、桶後溪與加九寮溪等。
〔註24〕「李茂岸」原譯自泰雅語「mangan」，意指河川曲流的地方，因福山部落位於阿玉溪與大羅南溪會合曲流處，漢人以「limogan」音譯得名。

哮」）〔註25〕、孝義部落、烏來部落與忠治部落等等〔註26〕。烏來地區的福山部落，地理位置屬雪山山脈，緊鄰宜蘭員山地區，經哈盆古道上溯，即是宜蘭的雙連埤和圳頭，著名的「福山植物園」即是在這裡。泰雅族原住民的移墾聚落，幾乎都是單一族群，不需特別防禦漢人和日本人的衝突〔註27〕，所以無需在部落四周，種滿茂密刺竹林，或是設置木柵、土牆和石牆，以作爲防衛設施，更不需特別設置什麼哨所、隘丁和壯勇，因爲泰雅族的成年男子，原本就驍勇善戰，從「出草」活動就可印證。

　　烏來區泰雅族原住民社會的基本結構，是以宗族血緣爲根本，以祖靈信仰爲凝聚力，形成部落組織，共同進行狩捕、漁獵、游耕、燒墾與祭祀等傳統生活模式。但從日本統治時期開始，國家力量逐漸滲入管理，明治三十六年（1903）正式進入烏來地區。層層隘勇線的設置，強力的警備部署，進行「集體遷移居住政策」，達到了有效的統治目的，烏來區泰雅族原住民的社會運作模式，也因而歷經了結構性的變化，發展出新聚落的形式〔註28〕。

　　關於「集體遷移」居住的論述，至少有「清朝統治時期，烏來泰雅族屈尺群組有三個社」、「一八八五年十月十七日中法戰爭（俗稱「西仔反」）將領劉朝祜等人，進入新店溪上游山區勸說馬來八社（烏來原住民八社）」、「日本明治二十八年（1895）日本統治臺灣後，屈尺群有八個社」、「清朝統治時期，經過多次的遷移與拓展，泰雅族原住民在烏來地區共建有九社」等四種說法〔註29〕，各自有資料印證。烏來地區今日的現況，有五個較大的泰雅族原住民移墾聚落（五個里）〔註30〕，以及其它屬於很少數的散居型零星聚落。

〔註25〕　「呐哮」譯自泰雅語「raho」，意指茂密的森林，知名的「內洞森林遊樂區」即在此部落，過去名爲「娃娃谷」，以溪流、瀑布、森林浴、陰離子、芬多精著稱。

〔註26〕　「烏來」是臺灣分布最北的山地原住民區域，依照中華民國《地方制度法》，具有公法人地位的地方自治區域，住民以泰雅族爲主，也有少數的漢人世居此地。「烏來」地名源自於泰雅族原住民語中的「Ulay」，意思爲「溫泉」（「水很燙」之意）「Kiluh-ulay」。烏來區泰雅族原住民在清治及日治時期，曾被稱做「屈尺番」。

〔註27〕　漢人與原住民多是因爲生存活動區域衝突，而不是爲了搶部落空間和財務；日本人和原住民的衝突，則多是統治與順服的問題。

〔註28〕　烏來區泰雅族原住民共分三個階段移住，尤其以第二階段的遷移，以及一九三一年「哈盆社」的成立，確立了新型態聚落的開始。

〔註29〕　參考「新北市烏來區官網」，」，搜尋日期：二〇一六年五月十六日，網址：http://www.wulai.ntpc.gov.tw/content/?parent_id=10024&type_id=10006

〔註30〕　五個泰雅族原住民移墾聚落，由上游至下游分別是：福山部落、信賢部落、孝義部落、烏來部落、忠治部落。

　　清朝統治時期光緒二十一年（明治二十八年、1895），日本政府開始統治臺灣，烏來地區屬臺北縣直轄。明治二十九年（1896），日本人設「大嵙崁撫墾署」，管轄臺北縣及基隆、淡水二廳山地區域。明治三十一年，調整行政編制，廢撫墾署，縣以下改置辦務署，烏來地區改隸屬「臺北縣景尾辦務署」，並設置「隘勇線」強制統理烏來山區。明治三十四年，再度調整行政編制，廢縣置廳，烏來地區隸屬「深坑廳」。明治四十二年（1909），再次調整行政編制，廢深坑廳，歸「臺北廳新店支廳」管轄。大正九年（1920），廢廳為州，烏來地區隸屬「臺北州文山郡」，仍稱「番地」，下轄「烏來、桶壁、蚋哮、阿玉、李茂岸」等五社。

　　昭和二十年（民國三十四年、1945）後，國民政府統治臺灣，實施地方自治，對於山地原住民改設鄉、村自治機關，取代「番社」和「部落」，烏來鄉隸屬臺北縣文山區。民國三十五年（1946），烏來鄉公所正式成立，下轄「烏來、信賢、忠治、孝義、福山」等五村。民國九十九年（2000），臺北縣升格直轄市成為新北市，烏來鄉公所改名烏來區公所，下轄「烏來、信賢、忠治、孝義、福山」等五里。

　　有關新北市烏來區設置沿革歷史點，乃蒐集相關文獻資料整理而成，茲將「新北市烏來區設置沿革」列表於下。請參閱「表一、新北市烏來區設置沿革表」。

表一、新北市烏來區設置沿革表

統 治 時 間	設置沿革	管 轄 區 域
清代末期 光緒二十年前後	文山堡	番地
日據時代 民國九年至三十四年	臺北州文山郡番地	桶壁社、烏來社、阿玉社、蚋哮社、李茂岸社
光復初期 民國三十五年至三十九年	臺北縣文山區烏來鄉	忠治村、烏來村、孝義村、信賢村、福山村
實施縣市地方自治 民國三十九年至今	臺北縣烏來鄉	忠治村、烏來村、孝義村、信賢村、福山村
改制為直轄市 民國九十九年十二月二十五日至今	新北市烏來區	忠治里、烏來里、孝義里、信賢里、福山里

（本表由本論文研究者黃啓宗整理製作）

三、屈尺移墾聚落原型

北臺灣新店溪流域上游，南勢溪畔的新北市烏來區（直轄市山地原住民自治區）的泰雅族原住民，在清朝時期及日本統治階段，曾被稱做「屈尺番（屈尺蕃）」〔註31〕，由此可探究兩個問題：一是當時的「屈尺」地區，範圍包含現今的屈尺聚落，以及上游的龜山聚落與烏來地區；二是烏來地區的泰雅族原住民狩獵與生活的範圍，包含現在的屈尺聚落，同時表示過去的原住民部落「屈尺社」（清朝統治時期也稱爲「屈尺群」）〔註32〕，與現在烏來地區各個泰雅族部落同淵源。

屈尺移墾聚落屬於「移墾聚落原型」，在清朝時期就已建立雛型，由於地理環境特質與開發歷史的特殊性，因而有「曲尺」、「窟石」、「屈尺社」至少有三種不同地名由來的說法。漢人進入屈尺移墾前，屈尺已有泰雅族原住民部落（有「屈尺蕃社」、「屈尺番社」、「屈尺社」、「馬來番」四種稱法）〔註33〕，是他們長久生活狩獵的區域，因此後來漢人先民建立移墾聚落時，原鄉信仰與原漢衝突，就成了屈尺在地歷史文化中，無法抹滅的一部分。

在屈尺「城仔」岐山巖祖師廟附近移墾聚落區域〔註34〕，與「頂石厝路」下坡往濛濛谷方向的「水尾」一帶，還留有一處當年漢人與原住民衝突的「古戰場」，記載著引人深思的「古戰場傳說」〔註35〕，這裡還留著當年先民抵抗

〔註31〕「屈尺蕃」與「屈尺番」的稱呼法，絕對是「種族歧視」的說法，現今只在歷史研究，以及陳述歷史事實時使用。

〔註32〕在清朝統治時期，烏來區泰雅族原住民位於「屈尺」的南方，因此被稱爲「屈尺群」。有關遷移的論述，烏來泰雅族屈尺群組社有三：李茂岸社、塔拉南社及札亞孔社（茶墾社），乃以烏來區福山爲發源點擴展出去。明治二十八年（1895）日本領台後，由陸軍局發行之「台灣蕃地圖」，記載屈尺群有八個社，分別爲後坑仔社、納仔社、大舌社、湯裡社、夾精社、內枋山社、外枋山社、林望眼社，通稱內外馬來大八社。

〔註33〕「屈尺蕃」與「屈尺番」的稱呼法，絕對是「種族歧視」的說法，現今只在歷史研究，以及陳述歷史事實時使用。

〔註34〕此區域爲低窪的屈尺地區中，地勢較高的地方，拓墾時期曾有大量刺竹林等防禦措施，形成「城仔」的型態，以防禦當時原住民與盜匪的侵擾。屈尺「城仔」與新店溪對岸的廣興「城上」地理形式相類似。

〔註35〕本論文中，諸如此類原住民與漢人衝突的傳說故事，多爲田野調查的蒐集，訪談當地耆老與士紳的口述故事，爬梳整理而成。訪談人包括：林雙枝先生、黃有女士、曾慶耀先生、黃雪子女士、林花子女士、黃文財先生、黃高寶蓮女士、高清流先生、林鑫政先生、潘正戊先生、張俊仁先生、陳錦隆先生、莊英貴老師、陳劍龍先生、溫集進先生、吳進興先生、許淑眞女士、金秀汶

泰雅族原住民時，據守的「槍銃屋」遺跡作爲印證。福建泉州安溪的地方神祇「清水祖師」〔註36〕，是大屈尺地區典型的原鄉信仰，分靈自艋舺（萬華）的清水祖師廟，每年春節期間，正月初六「祖師公」聖誕日，由「城仔、山腳、頂店、下店、雙溪口」等五個屈尺傳統分區，輪流值年主辦盛大祭祀活動，期中最知名的儀式就是傳統的「殺豬公」獻祭（「殺豬公」習俗與知名的新北市三峽區長福巖清水祖師聖誕祭祀、新店安坑太平頂太平宮開漳聖王聖誕祭祀，以及新竹新埔義民祭慶典儀式皆相同。）〔註37〕。

屈尺傳統移墾聚落原型中的「山腳」，今日的「劉厝」就在這裡，「田寮」是前張文奇里長家族的所在地。「頂店」、「下店」與「城仔一樣，都是過去移墾聚落內的典型地名，讓人一目了然，明知其意涵。這些移墾聚落的移墾歷史，自然有一些與原住民及日本人互動的故事。

清朝時期「樟腦」和「茶葉」是北臺灣的重要經濟產物，也是非常重要輸出品，劉銘傳治臺時在大料崁（今日桃園市大溪區）設「樟腦總局」，並在屈尺設立分局。光緒十一年（1885）屈尺傳出「番害」，傳言漢人移墾先民死了十四人，於是劉銘傳命令劉朝祐領艋舺紳士李秉鈞〔註38〕、木柵張李成〔註39〕、新店大坪林聚落望族劉廷玉（清法戰爭立下功績，是新店大坪林聚落十四張地區的劉氏家族，此地的移墾聚落是典型的「散居式移墾聚落」，相對於新店溪西岸新店安坑地區的「集居型移墾聚落」）以及翻譯人員〔註40〕，進入新店溪上游山地的屈尺地區「探察番情」，勸說招撫馬來八社（烏來八社）「生番」總頭目「馬來巴克」〔註41〕。臺灣建省後在大料崁成

女士、黃姿蓉女士（易媽媽）、張孫誠先生、張金武先生的阿媽、張凱富先生的阿公、黃筱君女士、林佳琪老師（泰雅族，原住民語教師）、李振賢牧師（泰雅族，新店龜山教會）、林龍鎮先生與廖文志校長等人。詳見「附錄2-1 新店溪流域歷史傳說與口述故事訪談表」。

〔註36〕當地住民皆稱爲「祖師公」。

〔註37〕參考「臺灣觀光資訊資料庫」，網址：「http://gis.taiwan.net.tw/gis/ValueAdded Login.aspx」，搜尋日期：二〇一七年一月九日。

〔註38〕劉朝祐：一八八四年八月五日至一八八五年六月十三日「中法戰爭」（又名「西仔反戰役、基隆戰役、淡水戰役、澎湖戰役」）中，「第二次月眉山戰役」的淮軍將領。李秉鈞：原清代貢生，日本統治時期曾任臺北縣參事。

〔註39〕張李成：臺灣客家人義軍。

〔註40〕劉廷玉：清朝乾隆時期來臺。新店溪中下游東岸的大坪林十四張劉氏家族聚落，包括「店仔街（小街市）」、「斯馨祠（土地公廟）」，以及「劉氏家廟、利氏公厝、厚記堂、悠記堂、明記堂、高記堂、三落厝」等多座宅第古厝。

〔註41〕「生番」：臺灣外來政權依原住民族群（清朝及日本統治時期稱「蕃人（番

立「撫墾局」，屈尺設置「雙溪分局」〔註42〕，光緒十六年（1890）劉廷玉
接著在屈尺設「番學堂」，教育歸順的「屈尺社」與「大豹社」泰雅族原住
民。新店溪上游的「屈尺社」與大漢溪上游（三峽「大豹溪」）的「大豹社」
僅「一山之隔」，具相同的地理空間特質，由「衛星圖」俯瞰，即能清楚得
知兩地密切的地緣關係。

四、廣興移墾聚落原型

　　由「廣興」〔註43〕的地名沿革和傳說，可探知一部分廣興移墾聚落的原
型。最初開墾廣興地區的移墾先民，形塑出廣興移墾聚落的雛型，他們是屬
於廣東省籍，為求能生命安全，拓墾順利，將來能夠榮歸大陸原鄉，遂將此
地命名為「廣興」，在清代時期稱為「廣興庄」。但在今日的廣興地區人口組
成中，這些粵籍住民已算是少數的比例〔註44〕。

　　新店區的廣興移墾聚落，流傳下來的老地名「甲場埔」（或稱「校場埔」）
的「刑場」傳說，說明這個區域原就是泰雅族原住民的生活領域，所以行政
區域畫分為「番地」〔註45〕。「城仔」又稱「城上」，這裡是廣興最大、最主
要、最典型、最具代表性的集居型移墾聚落原型，是一處建有防禦性設施的
移墾聚落。

　　往平廣溪上游的「平廣坑」，地理位置靠近烏來與三峽，過去為泰雅族原

　　人）、「高砂族」、「高山族」）「漢化」（「進化」）的程度，於臺灣原住民分類
　　管理上，官方文書所制定的稱法。完全未漢化的稱「生番」，完全漢化的稱「熟
　　番」，「化番」又稱「歸化生番」，介於生番與熟番之間，三者之間以被漢化程
　　度的深淺差異來區分。日本統治時期延續了清朝統治時期的用詞，至今追求
　　族群平等，此類種族歧視的用語，已成歷史名詞，不再使用。

〔註42〕新店溪上游南勢溪與北勢溪交會口，今為「雙溪口聚落」。

〔註43〕新北市新店區廣興里。全臺灣以「廣興」為地名、路名與校名的地方非常多，
　　僅統計「廣興國小」就有八個縣市有同樣的地名與所在學校：「新北市新店區
　　（屈尺國小廣興分校）、桃園縣八德區、宜蘭縣冬山鄉、彰化縣二林鎮、南投
　　縣鹿谷鄉、雲林縣西螺鎮、高雄市美濃區、屏東縣高樹鄉。」

〔註44〕這些為數不多的客家族群住民，當地住民直接稱呼其為「客人」和「客家人」，
　　幾乎已「閩南化」而成為「福佬客」（「河洛客」、「閩客」），以城上「溫姓」
　　及城下「彭姓」為代表。

〔註45〕舊時稱當地的泰雅族原住民為「生番」，貶指為「未經教化的番人」，其活動
　　區域稱為「番地」。此種污衊不尊重族群的稱呼，對原住民族造成嚴重的傷害，
　　也形成長時期的族群對立，今日臺灣各族群正走向融合共榮的方向，此類貶
　　語自然不可再使用。本文中所引用的文獻資料，其中所有對原住民族或其他
　　族群貶抑性的用詞用語，在不失其原意的前提下，皆盡量調整轉用。

住民「屈尺社」與「大豹社」重疊的生活範圍，在大正十一年（1922）行政劃分時，才併入新店庄〔註46〕，臺灣光復後，行政區重新設置，納入為廣興里，轄區至今未再調整〔註47〕。平廣坑地形狹長，河階腹地面積不大，可供耕作與居住的山坡地也有限，更顯得地形狹長破碎，裡面的零星小聚落，是廣興地區集居型移墾聚落的例外情形，屬於小區域的散居型移墾聚落。廣義的「平廣」地區，是指「獅仔頭山」山腳附近的區域，其邊界與三峽白雞山區相鄰，此區域散布著隨平廣溪沿岸分布的散居型移墾聚落。

位於平廣坑南側，與「十二份」隔溪相對的「羅料坪」〔註48〕，取名自「腦寮坪」的諧音詞。在日本統治的明治與大正年間，日本開發商人顧請「腦丁」〔註49〕，在平廣山區砍伐樟樹提煉樟腦，因搭建樟腦寮，引申為地名。其他位於平廣坑的小型移墾聚落還有：「大寮」，在日本統治時期有一間「大茶寮」，平廣地區生產的茶送到這裡炒製，是附近茶園的總寮，位置在平廣路往內山方向，過了一段三十號之後，目前還有一些茶農在茶園邊，建築工寮與農舍居住，是一處散居型移墾聚落。

「幼瀨」〔註50〕，即「幼瀨庄」，是獅仔頭山東南側一個散居型的移墾聚落，開發於日本統治時期的昭和年間，移墾先民以種植水稻和甘藷為主，也有在燒製「相思仔木炭」和焗製樟腦，幾乎都來自於桃園市與新竹縣的客家原鄉。民國五十年（1961）以後，此處客家籍住民陸續移出，如今的現狀已形同廢庄；「土地公坑」，位於幼瀨東南側的小山谷，日本統治時期移墾先民建製了一座小土地公廟，附近也因此形成散居型的小聚落；「石頭厝」，在平廣坑與土地公坑之間，有一間石頭建成的房舍，故以此命名；「雙坑嘴」，地名意義如同「雙溪口」，是平廣溪的兩條支流匯流處。

平廣路轉往「小坑一路」附近的山區，當地名稱為「小坑」，顧名思義，

〔註46〕張炎憲：《文山、海山郡彙編》，板橋市：臺北縣政府文化局，二○○一年，頁24。

〔註47〕參考「新北市新店區公所官網」，搜尋日期：二○一七年三月一日，網址：http://www.xindian.ntpc.gov.tw/content/?parent_id=10080

〔註48〕「十二份」又書寫成「十二分」，日本統治時期明治與大正年間，日本商人請「腦丁」在平廣山區伐砍樟樹製成樟腦，因分成十二股份，就以此為地名。「十二份」在今日廣興里十六鄰平廣路二○○巷。

〔註49〕「腦丁」為製作樟腦的工作人員，「丁」為男性的表稱。

〔註50〕「幼」為「小」，「瀨」為「沙或石上淺而急的流水」，「幼瀨」即指有小溪流的地方，位平廣路轉往幼瀨的山區。

其位置在東獅仔頭山東側的小坑山中，有山澗注入新店溪流域的濛濛谷，但水量不多，所以取名爲「小坑」。「小坑」地區屬於山間的散居型移墾聚落，日本統治時期爲「廣興二十八保」，過去此地移墾聚落的居民以砍柴、種蕃薯、打大菁（藍染作物）爲生〔註 51〕。其餘位於小坑一路周遭的小型移墾聚落還有：「後寮」，廣興茶農於茶園旁搭建的簡易寮舍，屬於集居型的小聚落；「笨角」，後寮茶農聚居的一處小聚落。

　　屬於廣興聚落範圍的區域，還有「四結寮」與「向天湖」。「向天湖」〔註 52〕，位於燕子湖上方的成功路，一路通往山頂的山區移墾聚落；「四結寮」〔註 53〕，如同蘭陽平原的開發地名「一結」、「二結」、「三結」、「四結」「五結」一樣，是同樣的開發命名例證。四結寮和大寮一樣同屬茶農移墾集居型的小聚落，但開發時間較大寮爲晚，在日治時期屬於「平廣二十九保」。行走「成功路」過了「茶刀崙」就是四結寮。

　　屈尺與廣興移墾聚落，基本上都是屬於福建泉州先民，在新店溪流域中游，集居型的山區移墾聚落（「平廣坑」和「小坑」一帶，還有一些小型的散居型聚落），也是典型的泉州移民清水祖師信仰圈，在移墾的歷史裡，也都發生了一些與原住民衝突的故事。

　　屈尺岐山巖與廣興長福巖，分別屬於當地集居型的移墾聚落中，最大的地方廟宇，都是主祀「清水祖師」（當地居民常暱稱爲「祖師公」和「老祖」），也流傳了許多傳奇故事。屈尺與廣興聚落的發展沿革，代表了新店溪流域的獨特性，豐富的地方歷史內容與發展背景，也代表了新店溪流域在地移墾聚落原型〔註 54〕。

第二節　地理空間分布

一、農村式發展型移墾聚落形成探析

　　農村式發展型移墾聚落，可以簡易的分爲「散居型」及「集居型」。這兩

〔註51〕種植大菁，發展藍染文創，已成爲新店溪與大漢溪流域，山區鄉鎮市的地方文化特色。
〔註52〕閩南話語中所謂的「湖」，並非眞的是湖水的湖，而是指比較平坦的區域。
〔註53〕「結」意指拓墾集團「結首組織」，常以結首分段數的地名。
〔註54〕屈尺與廣興聚落，分別以「城仔」與「城上」爲代表，可代表新店溪流域「在地移墾聚落原型」。

種型式的移墾聚落，形成的過程與型態，都有非常明顯的差異。農村式發展型移墾聚落形成的歷史因素、背景、條件與過程，有諸多不同的說法和研究論述。例如：北臺灣淡水河流域中、下游，大臺北盆地平原地區的散居型移墾聚落，以及山地區域的集居型移墾聚落，形成的因素與閩、粵移民歷史有密切的關係。

閩、粵先民來臺拓墾初期，當時的農村移墾聚落發展背景很複雜，移墾漢人必須面對散布在淡水河流域上，各個泰雅族原住民部落，還有閩、客移民之間的競爭，漳、泉之間的嫌隙，充滿各種族群衝突。隨著時間與族群的遷移，四周山區防衛設施的設置，各種因緣聚合的條件成熟後，才能有農村式發展型移墾聚落的建立，這是一段漫長的發展過程。因為政府統理的差異、土地制度、地理背景與發展條件的不同，發展過程自然區分成「散居型」及「集居型」兩個方向。

淡水河流域的「散居型」及「集居型」移墾聚落，基本上是零星的散布，最大的基本原則是沿著河流水源設置安居。其次的基本原則有二：一是山區地形環境複雜多變，自然因素影響移民生活的力量更大，加上部分靠近山區的土地較先開墾，為了防衛需求，共同防範平埔族、泰雅族原住民、不同族群與集盜匪的侵襲，所以多為集居型移墾聚落；二是部分平原區域，屬於低濕地開發，時間點在較晚的移墾時期，因眾多山區「集居型」聚落已建立，形成了「防衛線」的概念，而平原區四周防衛設施也已臻完善，因此多為散居型移墾聚落。

但「有原則必有例外」，譬如靠近山區的許多移墾聚落，因防衛需求而發展成集居型移墾聚落，但新店溪上游的廣興平廣地區，雖算是山區的移墾聚落區，但多為散居型的小聚落，即是代表性的例子；新店溪中下游平原區域，理應多發展成散居型移墾聚落，但安坑的外五庄地區，這裡算是新店溪西岸的平原區域，但多為集居型的聚落，多以「城」為地名，即是典型的例外。又譬如淡水河流域下游的平原區域，有「社仔」（社子島）、「關渡」、「竹圍」等傳統集居型的聚落，也是可以說明的例子。

新店溪中游東岸的新店庄大坪林地區，是一片廣大的河邊平原地形，屬於農村式發展型的散居型移墾聚落；新店溪中游西岸的安坑新店庄內五庄地區，是一條狹長的山地河階地形與山坡地，屬於農村式發展型的集居型移墾聚落，因地形特性呈現線狀分布。在拓墾土地的經營使用密集度上，西岸安

坑內五庄地區比較高，東岸新店庄大坪林地區比較低。其他造成聚落散居型或集居型的原因，還有血緣、宗族、信仰、治安、動亂、資源、交通、天災、自然環境等等的因素。

同宗、同姓、同血源、同原鄉、同地域、頻動亂、治安差、族群衝突多、資源豐富或集中、交通要點、天災多與大面積拓墾等等，因較易團結或需要團結，自然形成群聚，發展成集居型移墾聚落；不同宗族血源、不同原鄉、少動盪、治安較好、族群和諧、資源貧乏或分散、交通不便、天災少與小面積耕種等等，因不易團結或不需要團結，因而較易造成分散，發展成散居型移墾聚落。

農村式發展型移墾聚落形成的影響因素，除了上述的諸多原因之外，政府的管理態度、土地政策、拓墾組織、耕種種類與拓墾形式等等，也是造成不同型態移墾聚落的原因之一。農村式發展型移墾聚落分為「散居型」及「集居型」，除了這兩種原型的移墾聚落之外，還有一些因地理環境特殊因素，以及長期的變遷與複雜的發展過程，形成「散居型」及「集居型」移墾聚落的變形，同時擁有兩種形式的條件，例如新店溪中游的屈尺與廣興聚落，形式上是屬於山地區域「集居型」移墾聚落，但因擁有一些平坦的河階平原，也擁有一些「散居型」移墾聚落的特點。

二、農村式發展型聚落

（一）平原散居型聚落

新店溪流域平原地區移墾聚落的形成，有以下諸多的要素，包括：宗族宗親的力量、平埔族與泰雅族原住民與漢人的衝突（原漢衝突）、不同原鄉族群分類械鬥（閩客、漳泉、三邑人與同安人的「四縣反」）、實施土地政策與拓墾經營模式等等。因為決定聚落型式的因素相當複雜，通常是多元因素交集形成，因而造成漢人拓墾先民，發展出不同的聚落形式。例如新店溪流域平原區，一般傳統散居型聚落的特徵，就是散居的傳統磚瓦房，分布在平原水田地帶，四周環繞圍牆與刺竹林。也有部分區域，是數戶屋宅相連林立，形成散居型聚落中，點綴的小規模集居聚落。

過去散布在新店溪流域平原區的散居型聚落，隨著時代的發展，人口的增加，農村社會的轉型，商業機能的增加，明顯的朝都市化發展，原本的傳統散居型聚落界線，已逐漸模糊，但尚能從地名追溯探究過去先民的移墾歷

史。以地理位置來看，新店溪流域中游靠近山區與河流的平原區域，因都市化變遷過程較緩慢，以及農村保留區的因素，在都市計畫以前，仍有部分散居型聚落樣貌留存，例如新店溪中游東岸的大坪林地區，是最典型的區域。其他新店溪流域平原區，已高度都市化發展的區域，大都是由原本的傳統散居型聚落，逐漸發展出來的新居住空間型式。

新店溪中游西岸安坑的外五庄地區，是屬於靠近山區的平原區，另外夾帶一些丘陵地形，在這裡可以同時見到「散居型」及「集居型」的移墾聚落。從碧潭東岸沿安康路算起的「大坪頂、頂城、下城」，是屬於「集居型」移墾聚落，其他的「公館崙、柴埕、十四分、內挖、外挖」，是屬於「散居型」移墾聚落。

過去新店溪中游的西岸安坑地區，與東岸大坪林地區的「散居型」移墾聚落，它的形式、分布方式和景緻大致相似，少數相異的地方就是腹地面積不同。廣義的大坪林區域，是由新店溪畔往北、東、南三方延伸，北至景美溪下游，與中和秀朗地區及臺北市景美地區相望；東至景美溪中游和阿泉坑山區，與臺北市木柵區南邊相接連；南至小碧潭、碧潭、五峰山麓，已接近青潭、屈尺山區，範圍遼闊寬廣，「散居型」移墾聚落散布其中；安坑外五庄「散居型」移墾聚落，整個腹地坐落於新店溪西岸，北接新北市中和區南勢角地區，南至大貢尖山下，東從新店溪河邊灘地，西到豬肚山麓之間，面積約僅東岸大坪林區域的十分之一，「公館崙、柴埕、十四分、石頭厝、內挖、外挖」等區域，以柴埕為中心作南北線狀排列，「散居型」移墾聚落散布其間。

新店溪中游西岸的安坑內五庄地區，是一條狹長的山地河階地形與山坡地，屬於農村式發展型的集居型移墾聚落，但仍有部分小區域的地區，例如車子路、薏仁坑、大茅埔等地，以散居型的聚落型態，分布在頭城、雙城（二城）、三城、四城、五城等集居型移墾聚落之間。這些夾雜在集居型移墾聚落間的小型聚落，也可以視為是集居型與散居型聚落的變形〔註55〕。

（二）平原集居型聚落

新店溪流域的平原區域位於中、下游，主要的集居型聚落就是在西岸安坑的外五庄地區，這個區域是屬於靠近山地的平原區，形狀約為長條形，東北邊臨新店溪，西南邊是安坑地區最高的大貢尖山山脈，平原與山地之間，

〔註55〕集居型與散居型聚落的「混合型」或是「遷移型」。

還有一些地勢不高的丘陵地形。安坑外五庄地區，事實上應該再區分成兩個區域，一個區域是「散居型」的移墾聚落區，另一個區域是「集居型」的移墾聚落區。

從碧潭大橋越過新店溪，由碧潭東岸進入西岸，沿安康路分布的「大坪頂」、「頂城」與「下城」三個區域，是屬於新店溪流域平原地區，最典型的「集居型」移墾聚落，其線狀分布的聚落位置，並不是沿著安康路一段而設，而是各個移墾聚落因逐漸發展之後，墾地與居地的範圍擴大了，才有道路將之連串起來。這三個聚落非常集中，聚落內的屋舍也十分密集，所有建物錯綜聚集，形成非常蜿蜒複雜的巷道，此特點與新店溪上游山區的集居型聚落完全相同，廣興城仔移墾聚落就是最典型的例子，只是山區聚落規模相對較小些。

安坑外五庄「大坪頂」、「頂城」與「下城」的地名中，有「頂」與「城」，所以的地理空間上，還可再細分為「坪頂」（上方區域）與「坪腳」（下方區域），「城內」與「城外」。

> 綜觀臺北盆地內的地名，可以發現南側有許多地方以「城」、「木柵」來命名，尤其新北市新店、三峽區交界的安坑通谷內更是密集，例如頂城、五城、木柵、城仔等，皆是以石牆、土圍莿竹林等設施圍城、設隘的防衛型聚落，可見清代漢籍移民入墾位於盆地邊陲帶的安坑通谷時，此地應是處於治安不佳、命財產備受威脅的情況，非如此而不能自保。〔註56〕

開墾初期，拓墾先民皆是居住在「坪頂」與「城內」，隨著拓墾範圍擴大，原漢衝突與族群分類械鬥也日趨緩解，人口又日益增加，「坪腳」與「城外」也開始成為墾民的居住空間，原本聚落四周的土牆（土圍）、石牆、木柵、竹籬笆與刺竹林叢等防禦設施，也跟著被瓦解移除。過去農耕時期，「大坪頂」、「頂城」與「下城」，是三個獨立不相連的集居型移墾聚落，彼此間只間隔不到半公里，經過長期的環境變遷之後，現今這三個區域，幾乎已經完全連在一起了，若非行政區域的劃分，一般人已難以察覺其界線。

（三）安坑地區農村式發展型移墾聚落

新店溪碧潭西岸的安坑地區，原名為「暗坑仔」（「暗坑仔莊」），拓墾於

〔註56〕戴翊丞：《清代臺北安坑通谷的族群空間分布與互動關係》（臺北：國立臺灣師範大學地理學系碩士論文，二〇一四年六月），頁1。

清朝同治十年（1871）〔註57〕，由來自於福建漳州原鄉的先民，渡過「黑水溝」來到北臺灣開發，於新店溪流域大量開山墾荒，這也是安坑地區，相當獨特的「自閩移民現象」〔註58〕。大安坑地區漢人先民移墾的歷程，將安坑內、外五庄，開發成屬於農村式發展型的移墾聚落。由於開發時期的主要拓墾先民多來自於福建漳州，因此也形成了地方神祇開漳聖王的信仰圈。此外，在安坑內五庄的雙城移墾聚落，地方大廟潤濟宮奉祀「三官大帝」〔註59〕，主要就是拓墾先民，爲了祈求能開墾平安順利，五穀豐登，並能克服層出不窮的族群衝突。族群神祇信仰圈，在安坑移墾聚落住民的心目中，佔有舉足輕重的地位。

　　雖然新店溪流域移墾聚落相當多，但是最具農村式發展型移墾聚落代表性的，則屬安坑內、外五庄等移墾聚落。新店溪流域的移墾聚落相較之下，以大安坑地區的面積是最大的，此區域位於新店溪中游的終點，也是下游的起點，具有寬闊的平原地形，也擁有溪流山谷的狹長河階地形，面積大約爲二十七平方公里〔註60〕。安坑地區農村式發展型移墾聚落，雖然形式上可分成散居型聚落與集居型聚落，但在拓墾與農耕經營上，並無太大的差異，都一樣需要豐沛的水源與耕地，以及便捷的交通與運輸。

　　新店溪流域擁有充足的水源，也有廣大的耕作面積，是非常適合開發的農耕地區，可以種植稻米、蔬菜、水果、雜糧等等，拓墾先民所需要面對的

〔註57〕　新北市新店區北新國小：《新店一把罩》，板橋：新北市新店區北新國小，二〇〇四年，頁175。「暗坑，原意是指林木蒼鬱的山谷，早期也是秀朗社的土地，後來再由漳州先民進入開墾。」蔡丁財總編：《戀戀碧潭情──尋找新店瑠公圳開拓史蹟》，頁36。「……開墾之初原稱『暗坑仔』、『暗坑莊』，一八〇一年（嘉慶六年）林天成的孫子林登選覺得『暗坑』不雅，遂改名『安坑』。」中華綜合發展研究院應用史學研究所總編纂：《新店市志》，新店：新店市公所，二〇〇六年，頁152。

〔註58〕　中華綜合發展研究院應用史學研究所總編纂：《新店市志》，新店：新店市公所，二〇〇六年，頁106～109。

〔註59〕　「安坑三大廟」之一。「安坑三大廟」的界定，散見於與新店地方文史有關的資料，例如《安坑思想起──安坑鄉土電子書》和《新店人的歷史》等書籍。

〔註60〕　中華綜合發展研究院應用史學研究所總編纂：《新店市志》，新店：新店市公所，二〇〇六年，頁29。「新店市的土地面積爲一百二十點三平方公里，安坑地區面積約佔百分之二十三（約二十七平方公里）」。新店區公所：《爲民服務手冊》，新店：新店市公所，二〇〇六年，頁4。「全市面積爲一百二十點二二五五平方公里，自九十一年二月一日起劃分爲六十九個里。」新店區六十九個里中安坑地區共有二十二個里（新店區公所：《爲民服務手冊》，新店：新店市公所，二〇〇六年，頁86～88）。

問題，就是如何建制完善足夠的灌溉系統，以及四通八達的對外交通。過去新店溪航運發達，可至此安坑地區，今日雖航運不再，但有總長 7 公里多的安康路，由一段至五段，還有聯外快速道路，以及北二高，這些都是安坑地區的主要聯外道路，涵蓋整個安坑地區。

　　新店安康路起始自碧潭大橋，一路深入大安坑內、外五庄地區，從新店區的「安坑」（舊稱「暗坑」）地區，通往三峽區的「安坑」（舊也稱「暗坑」）地區。安康路路上所看到的在地名稱、街道名稱，幾乎都與「安坑」和「安康」有關係〔註61〕。《安坑拾珍》與《新店一把罩》分別有以下相似的敘述：

　　　　在傳統閩南語發音的臺灣舊地名中，「坑」通常泛指地勢較低
　　　平且狹長的地方。由於安坑地區有許多山谷與溪流夾帶的狹長平地
　　　地形，尤其是內五庄地區，因此以「坑」為名的地方還有瓢仔坑、
　　　樟茗坑（舊名為樟腦寮坑）、薏仁坑、小粗坑、大粗坑、大楠坑、闊
　　　水坑、深坑等等。〔註62〕

　　　　　整個新店地區除了安坑之外，也有許多與「坑」有關的地名，
　　　例如小油車坑、員潭子坑、過橋坑、大粗坑、小粗坑、稻子園坑、
　　　湖閃坑、雙坑、打鐵坑等。〔註63〕

安坑地區移墾聚落的型態和農耕經營的狀態，彼此之間存在著密切的關係，因為聚落的型態會影響農耕經營的方式，農耕經營的模式，也會對移墾聚落型態帶來重組作用，讓集居型發展成散居型，或是散居型漸漸形成集居型。上述的論點，可由瑠公圳、永豐圳與安坑圳等水利灌溉系統開發後，農耕經營與生活模式的改變，對新店庄、大坪林地區、安坑內、外五庄地區的移墾聚落，在聚落型態上帶來的改變得到印證。

　　位於新店溪西岸高壟山丘上的「大坪頂」，就是一個例證：清乾隆六年（1741），漳州族群「林芳安、張復源、廖日記、游文昌、吳日記、王五合、曾合記、賴七合等八姓先民拓墾此地，總計投資八股，因此當時號稱「大坪頂、頂城、下城、大湖底」這四個庄頭為「八股四庄」。八姓先民合議集資，興建主祀原鄉守護神開漳聖王的太平宮，並開墾「大坪頂、頂城、下城、大

〔註61〕　「安坑」取「暗坑」之諧音、轉音義成雅語，「安康」取「安坑」之諧音、轉音義成雅語。
〔註62〕　張錦霞等編輯：《安坑拾珍》，新店：新店市公所，二〇〇三年，頁6～16。
〔註63〕　新北市新店區北新國小：《新店一把罩》，板橋：新北市新店區北新國小二〇〇四年，頁153。

湖底」四處聚落的田地，以做為廟產經營。

關於過去安坑地區，屬於農村式發展型的移墾聚落，研究其型態的變遷，必須從歷史發展歷程進行對照研析，本論文的研究結果，已填補了新店溪流域開拓初期，相關歷史文獻資料的不足。

茲將以上關於新店溪流域移墾聚落型態的分析，以及移墾聚落與農村式發展的論述，初步整裡成「附錄 2-3、新店溪流域主要移墾聚落基本資料一覽表〔註64〕」，以提供研究者與讀者，參考與對照。

第三節　聚落條件選擇

一、移墾聚落的地理空間分布

移墾聚落的「地理空間分布」，是指移墾聚落在地理座標位置上的座落點，是相對整個大新店溪流域的相對空間概念。本論文研究新店溪流域移墾聚落信仰圈，因研究主題為各地信仰圈，故特將移墾聚落的地理空間分布，做詳細的探查與分析，因為移墾聚落的地理空間分布，影響聚落歷史文化的發展，以及後來信仰圈的形成。

研究分析北臺灣新店溪流域內，所有移墾聚落的地理空間分布，必須由清朝統治的康、雍、乾時期，稍早的地理與歷史兩方面說起。當時淡水河流域的地理背景方面，幾乎是一片蠻荒，除了平埔族、凱達格蘭族與泰雅族原住民漁獵、農耕生活其中，擁有一些集居型與散居型的部落之外，並無大規模的計畫性拓墾；歷史地理背景方面，明鄭時期來臺的南部漢人移民，以及從淡水河口進來的北部閩、粵漢人移民，都尚未來到此地，乾隆時期之後，大量漢人移民進入拓墾，但缺乏官府有效的治理，因而移墾漢人發展出集體

〔註64〕「新店溪流域主要移墾聚落基本資料一覽表」參考以下文獻資料：
　　文獻一：國家發展委員會：〈資料集‧各村（里）戶籍人口統計月報表〉，《政府網站資料開放平臺》（二〇一五年九月），搜尋日期：二〇一七年三月十四日，網址：http://data.gov.tw/node/8411?page=3
　　參考文獻二：中華民國內政部：〈人口資料庫〉，《內政部戶政司全球資訊網》（一九九七年一月），搜尋日期：二〇一七年三月一日，網址：http://www.ris.gov.tw/346
　　參考文獻三：中華民國內政部統計處：〈繪製統計地圖〉，《社會經濟統計地圖資訊網》（二〇一二年六月），搜尋日期：二〇一七年一月十九日，網址：https://moisagis.moi.gov.tw/moiap/gis2010/Pro/Logged/MapPro/index.cfm?WORK=CUSTOM#

拓墾模式。所以淡水河上游的新店溪流域，從板橋、公館至烏來、福山的廣大區域，移墾聚落的地理空間分布，便充滿地理空間條件的選擇，以及拓墾歷史的發展因素，成為具有獨特的在地社會空間單元。例如日本統治初期，新店店溪流域的許多山區與移墾聚落，因地理位置較偏遠，交通往來不便，加上地形複雜易守難攻，遂成為北臺灣抗日勢力的重要據點。

獨特的移墾聚落地理空間元素，一部分表現在傳統的舊地名上，例如新店碧潭安坑外五庄的「大坪頂、頂城、下城、公館崙、十四分、安溪寮、內挖、外挖」；內五庄的「頭城（一城）、薏仁坑、二城（雙城）、三城、四城、五城」；新店溪中游的「大坪林、新店街、碧潭、青潭、灣潭、直潭、塗潭、大崎腳、赤皮湖、廣興、屈尺、雙溪口」等；上游的「龜山、忠治、烏來、孝義、信賢、福山、坪林」等。這些在地特色地名的移墾聚落，歷經了數百年的發展與變遷，都具有地理環境與人文歷史的深厚內涵。

（一）新店溪上游聚落空間分布

新店溪流域切分成上、中、下游三個區段，屈尺里雙溪口（南勢溪與北勢溪匯流處）以上，經龜山至雪山山脈下的福山、坪林，屬於新店溪上游區域，完全為深山的地形地貌。這個區域除了龜山與坪林這兩個移墾聚落，人口組成是以傳統漢人為主之外，其餘的移墾聚落，都是以泰雅族原住民為主要人口的傳統部落。

坪林移墾聚落位於新北市東南端，北勢溪的上游，屬於翡翠水庫的集水區內。坪林地理位置東南方與宜蘭縣頭城、礁溪相連，東面與新北市雙溪為鄰，北端接平溪區，西北及西面連接石碇區，西南角則接壤烏來區。坪林移墾聚落內是屬於少數的平地，其餘的地理環境多為山坡地，適合栽種茶樹，北臺灣最著名的文山包種茶，即是生產於此地。坪林四周完全為高山地形環繞，以「北宜公路」（臺九線）及「國道五號」（又稱為「北宜高」、「蔣渭水高速公路」）對外聯繫。

「忠治、烏來、孝義、信賢、福山」是今日烏來區的五個傳統部落，行政劃分為五個里。位於南勢溪上游的福山部落面積最大，南勢溪中上游的信賢部落面積次之，桶後溪中游位置，阿玉溪匯流處的孝義部落面積第三，位於烏來地區最南邊，南勢溪旁山坡上的忠治部落面積第四，位於地理位置中間，南勢溪與桶後溪匯流處的烏來部落，雖然面積最小，但是人口最多，也是最熱鬧的地區。

　　烏來地區是北臺灣知名的溫泉區，整個「烏來里」大略可區分為「烏來老街」與「傳統部落」兩個區塊。「烏來老街」是一條商店街，屬於商業區，是觀光客必遊之地，所以顯得比較商業化；「傳統部落」在老街對岸，為當地居民最大的住宅區，具有較濃厚的傳統部落味道。整個烏來地區散布大小溫泉飯店，無特定的集中區。

　　清朝統治中期，來自南投縣仁愛鄉的泰雅族原住民先祖，因人口增加向北「集體遷移」，經大料崁（今日大溪地區）輾轉來到烏來山地，最初於福山地區建立部落。後來部分泰雅族原住民先祖沿著南勢溪溪向北挪移，遷到了烏來部落與忠治部落附近，接著更沿著南勢溪順流北上，活動區域延伸到了龜山、雙溪口、屈尺與廣興一帶。後來，由於漢人拓墾先民開始進入新店溪流域開發，沿著新店溪從下游一直逆溯至中游的屈尺地區，泰雅族原住民才又回遷至龜山以南的地區。清朝統治時期，泰雅族原住民在大烏來地區，經過多次的拓展與「集體遷移」，共建有了九個社〔註65〕。

　　「龜山」，南勢溪旁有一座形似烏龜狀的小山崙，因而命名。位於「雙溪口」對岸，南、北勢溪交會的末段，雙溪口靠近北勢溪，龜山靠近南勢溪。國民政府統治臺灣後，行政區重新設立，「龜山」的行政區域劃分為「臺北縣新店鎮龜山里」，後經「新店鎮」升格為「新店市」，再因「臺北縣」升格為「新北市」，目前為「新北市新店區龜山里」，轄區範圍未曾改變。北端經舊「下龜山橋」，以廣興路與廣興里相鄰〔註66〕，再以雙溪口的「新下龜山橋」為界，與和屈尺里相接；南端以「復興隧道」與烏來區相隔；東面則以大粗坑溪上的山脈與石碇區為鄰。龜山里並無移墾聚落的大姓家族，可歸屬於「雜姓移墾聚落」，拓墾先民與廣興地區住民同源，幾乎都遷移自桃園市三峽區（多為泉州安溪籍）、大溪區（多為漳州籍）等地。一戰結束（1945）之後，國民政府開始派令公務人員，到龜山接收日本統治時期的管理工作，這些新移民後來則定居於此。

〔註65〕有關「集體遷移」的論述，至少有「清朝統治時期屈尺群組有三個社」、「中法戰爭（俗稱「西仔反」）後新店溪上游山區有馬來八社（烏來原住民八社）」、「日本明治二十八年（1895）後屈尺群有八個社」、「清朝統治時期後經過多次的遷移與拓展，烏來地區共建有九社」等四種說法。

〔註66〕「下龜山橋」因為位於龜山移墾聚落下游（北端）位置得名，相對於「上龜山橋」位於龜山區域上游（南端）位置得名。由龜山移墾聚落行過「下龜山橋」即是屈尺里的雙溪口，由龜山移墾聚落出「上龜山橋」即是進入的傳統泰雅族的領域烏來地區。

　　清朝統治時期，龜山是泰雅族原住民的傳統領域，光緒十二年（1886）劉銘傳開始進行「開山撫番」〔註67〕，曾經將兵勇駐紮在對岸的雙溪口，再由龜山開始向南邊深入發展，烏來八社泰雅族原住民「悉行就撫」，龜山地區也就是從這個時候，開始逐漸的拓墾。日本統治時期明治三十二年（1899），日本人倉龍次郎來到龜山移墾聚落，開始經營南、北勢溪與雙溪口的林業計畫。爲了避免南邊烏來諸社的泰雅族原住民侵擾，使日本人拓墾更爲順利，於明治三十六年（1903）設置「龜山隘勇線」。大正十一年（1922）龜山地區正式納入「新店庄」的行政版圖。

　　龜山地區還有許多頗具地理環境特色，以及在地人文歷史意涵的地名，例如：「蛇舌子」，位於南、北勢溪匯流處，地名說法有二：一爲河流樣貌似英文字母大寫「Y」，也似「靈蛇吐信」（蛇吐舌頭）的河川地。二爲「蛇」爲「大舌仔」之音差和音轉，意指此地是「有如一塊大舌頭」的河川地；「大粗坑」，清朝統治時期嘉慶、道光年間，大粗坑當時的舊名爲「大坑山場」，以河流溪谷地中，有許多大粗石而得名；「四崁水」，顧名思義可得知，在北勢溪大桶山上有四條溪流，所以稱爲「四港水」（採閩南語發音），後來訛音雅化爲「四崁水」。這四條溪流在大粗坑匯聚成一條，流至新龜山發電廠〔註68〕附近，在這裡匯入北勢溪。過去四崁水爲包種茶產製區，地理位置可向南延伸至石碇、坪林一帶。

　　一九八九年改編自鍾肇政小說的臺灣電影《魯冰花》（The Dull-Ice Flower）〔註69〕，閩南語發音近似「路邊花」〔註70〕，即是在四崁水附近的北勢溪段取景拍攝；「十份子」〔註71〕，如同新店溪流域諸多地方，拓墾初期多爲集墾制，將開墾土地分爲十股份，也因集墾方式，自然形成集居型移墾聚落；「粟子園」，位於「上龜山橋」至「復興隧道」之間的區域〔註72〕，以前這裡曾經遍種粟子，故得名；「舊茶寮」，日本統治時期，日商「三井合名會社」在新店溪與南、北勢溪流域廣植茶樹，也建置製茶廠及工寮。今日的龜山國小所在地一帶，就是當時的製茶廠，當地住民習慣稱製茶廠爲「茶

〔註67〕當時歧視蔑稱泰雅族原住民爲「生番」，今已不再使用此詞。
〔註68〕舊龜山發電廠已在南勢溪畔頹傾，新龜山發電廠建在北勢溪畔，取諧音雅意改名「桂山發電廠」。
〔註69〕楊立國導演，吳念眞編劇。
〔註70〕「魯冰花」一詞源自羽扇豆（Lupinus）。
〔註71〕「十份子」，也記成「十分子」，閩南語音讀「十分仔」。
〔註72〕「復興隧道」因狹窄及崩陷，今已封閉不再通車。

寮」，後來製茶廠遷往屈尺里「文山茶場」，原來留在當地的「茶寮」遂被稱為「舊茶寮」；「車仔寮」，地理位置在龜山的南邊，今日「林務局龜山訓練所」往「上龜山橋」的平緩階地上。

日商「三井合名會社」當年除了種植生產茶葉之外，也進入烏來山區開發林木，當時利用小臺車（當地人稱之為「輕便車」）將木材集運到龜山山腳處，臺車駛停在車場的休息站，這裡也就稱為「車仔寮」，後擴大其意引申為地名。「車仔寮」為臺車與工作人員的休息站，同時也是工人住宿的「工寮」。

圖十五、新店溪上游主要移墾聚落位置分布示意圖〔註73〕

圖中主要移墾聚落編號說明：

1、由上游至下游排序：①福山 ②信賢 ③孝義 ④烏來 ⑤忠治 ⑥龜山 ⑦雙
溪口。

〔註73〕 參考引用 Google 地圖，搜尋日期：二〇一七年四月十二日，網址：https://www.
google.com.tw/maps/@24.9235815,121.5940748,35093m/data=!3m1!1e3?hl=zh-TW

2、①福山位於南勢溪左岸、②信賢位於南勢溪左岸；③孝義位於桶後溪左岸，有阿玉溪匯流；④烏來位於南勢溪與桶後溪匯流處；⑤忠治位於南勢溪右岸；⑥龜山位於南勢溪左岸；⑦雙溪口位於南勢溪與北勢溪匯流處。

（二）新店溪中游聚落空間分布

由新店溪下游左岸秀朗尖山地區（「秀朗橋」中和端），上溯到新店碧潭進入山區，再續行至屈尺雙溪口為止，這個範圍為新店溪流域中游區域。新店溪碧潭東岸的新店街、景美溪畔的大坪林地區，西岸的大安坑內、外五庄，以及三峽的安坑地區，都在這個區域。新店街與部分大坪林地區，已如同下游區域，完全是高度都市化的現代城市樣貌，已無移墾聚落的樣貌。

新店溪中游東岸的「大坪林、寶斗厝、新店街」等地區，因土地開發與都市化，移墾聚落型態已不復見。「碧潭、青潭、灣潭、直潭、塗潭、大崎腳、赤皮湖、廣興、屈尺、雙溪口」等移墾聚落，基本上都是沿著彎曲的新店溪沿岸，依序呈線狀排列。除了「青潭、大崎腳」這二個移墾聚落，是從新店溪右岸的青潭溪峽谷，溯流而上分布；「赤皮湖」移墾聚落，則是從小粗坑新店溪右岸，再往山區略為向上延伸，座落於今日「花園新城」的後方山谷，地形為四周山脈環繞的小平地，所以稱之為「湖」。

新店溪流經屈尺地區西側，四周綿密山巒環繞，地理位置如盆形，有如獨立於其他外在環境的地理區塊。新店溪流經廣興地區東側，一邊河灘濕地遼闊，一邊「莱刀崙山」巍峨聳立。屈尺與廣興移墾聚落隔新店溪東西兩岸相望，由清水祖師廟分別分靈自臺北艋舺清水祖師廟（屈尺岐山巖清水祖師廟）與三峽清水祖師廟（廣興長福巖清水祖師廟），就可分析推論得知，屈尺拓墾先民與廣興拓墾先民，來自不同的遷徙路線。屈尺拓墾先民由新店溪下游的艋舺，一路沿著新店溪來到中上游的屈尺盆地，廣興拓墾先民則是從三峽地區，越過白雞山脈，經由平廣地區來到廣興河岸，因此屈尺與廣興移墾聚落的分布點，雖然只是隔溪相臨，卻有不同的歷史背景故事。

新店安坑外五庄的「大坪頂、頂城、下城、安溪寮、公館崙、十四分、柴埕、內挖、外挖」等移墾聚落，在地理空間分布上，是坐落於新店溪中游碧潭和小碧潭河岸西南區域，以及安坑大貢尖山脈以東北區域，在這一片平坦的平原區，以環狀與點狀交錯的方式分布，安康路及安和路貫穿其中；安坑內五庄的「頭城（一城）、薏仁坑、二城（雙城）、三城、四城、五城」等移墾聚落，在地理空間分布上，是坐落於外五庄公館崙以南，順著五重溪（安

坑溪）流域沿岸，一直到三峽安坑地區，在狹長的山谷河階平原地帶，以線
狀排列的方式，依序分布。

圖十六、新店溪中游主要移墾聚落位置分布示意圖〔註74〕

〔註74〕　參考引用 Google 地圖，搜尋日期：二○一七年四月十二日，網址：https://www.
　　　　 google.com.tw/maps/@24.9454512,121.5236577,8949m/data=!3m1!1e3?hl=zh-TW

圖中主要移墾聚落編號説明：

1、由上游至下游排序：①廣興　②屈尺　③塗潭　④直潭　⑤灣潭　⑥青潭　⑦碧潭　⑧新店　⑨小粗坑　⑩赤皮湖。

2、①廣興位於新店溪左岸；②屈尺位於位於新店溪右岸；③塗潭位於新店溪左岸；④直潭位於位於新店溪右岸；⑤灣潭位於位於新店溪左岸；⑥青潭位於青潭溪與新店溪匯流處；⑦碧潭右岸爲新店老街區；⑧「新店老街」位於新店溪右岸至五峰山麓；⑨小粗坑位於新店溪右岸；⑩赤皮湖位於新店溪右岸，小粗坑的上方山麓。

　　西岸的大安坑地區（以「安康路、安坑路與成福路」連結新店街與三峽安坑（小暗坑）地區），以及沿著新店溪中游沿岸（新潭路與新烏路）而建的移墾聚落，從「新店五潭」（碧潭、青潭、灣潭、直潭、塗潭）至雙溪口，除了舊地名依然繼續使用之外，以前移墾聚落的形態，還可以在許多地方探尋到，尤其是開發程度相度較低的「限建區」和山地區域，例如：屬於「國防限建區」的頂城、下城與安溪寮〔註75〕；屬於山地區域的龜山、雙溪口、屈尺與廣興。

　　由新店安坑與新店溪中游的「衛星圖」及「街道圖」，可清楚看出大安坑地區五重溪兩岸的安康路、成福路與安坑路，以及新店溪中游右岸的新烏路，雖然全長都只有十多公里，但小範圍面積的移墾聚落散布林立。移墾聚落在這些地點的空間分布，基本上是屬於「線狀分布」，可以判斷完全是受天然地理環境的影響，以及受交通因素的催化而成。此外，還有些聚落也與土地耕作相關連。

〔註75〕過去這三個區域內有隸屬國防部的軍事機關「碧潭邨」、「清風園」和「明德山莊」（今已改制爲「法務部矯正署新店勒戒所」。

圖十七、新店安坑地區主要移墾聚落位置分布示意圖〔註76〕

〔註76〕 參考引用 Google 地圖，搜尋日期：二〇一七年四月十二日，網址：https://www.
google.com.tw/maps/@24.9607867,121.5144077,5843m/data=!3m1!1e3?hl=zh-TW。

圖中主要移墾聚落編號說明：

1、由下游至上游與移墾先後排序：①大坪頂　②頂城　③下城　④公館崙　⑤車子路　⑥頭城　⑦雙城　⑧三城　⑨四城　⑩五城。

2、「①大坪頂　②頂城　③下城　④公館崙」爲以前的安坑外五庄地區；「⑤車子路　⑥頭城　⑦雙城　⑧三城　⑨四城　⑩五城」爲以前的安坑內五庄地區。

（三）新店溪下游聚落空間分布

　　新店溪離開灣潭與碧潭山區，開始逐漸進入平原區後，流經秀朗橋段以下的部分稱爲下游地區，如今下游的東、西兩岸，東岸順流而排列，分別爲臺北市的景美（梘尾）、萬隆、公館、古亭（鼓亭）與萬華（艋舺）；西岸順流而排列，分別爲新北市的中和（枋寮）、永和、中和（永和北側）、板橋（枋橋）與江翠（江子翠、江子嘴）匯流口，都已是高度開發完成的都會區，完全是都市化的景緻。過去的舊地名，以及現代的行政區域劃分，幾乎無法看出移墾聚落的樣貌

　　許多舊地名也都已經易名，例如「梘尾」因名稱較俗氣而改名爲「景美」，一爲音韻接近，二爲取「景色優美」之意。即使舊地名依然使用，也幾乎完全見不到過去移墾聚落的痕跡。要探索過去移墾聚落的殘跡片影，除了部分舊地名之外，就只剩下些許歷史遺跡，以及傳統寺廟。因此，新店溪流域的移墾聚落，下游區域已難尋得，不過信仰圈的部分，卻是還留存著。

　　綜合上述，關於整個新店溪流域，所有移墾聚落的地理空間分布，新店溪上游的「龜山、忠治、烏來、孝義、信賢、福山、坪林」等移墾聚落，主要是沿著新店溪兩岸以及左右支流兩岸分布著；新店溪中游的「大坪頂、新店街、碧潭、青潭、灣潭、直潭、塗潭、大崎腳、赤皮湖、廣興、屈尺、雙溪口」等移墾聚落，也都是沿著新店溪以及附屬支流沿岸分布著；新店碧潭安坑外五庄的「頂城、下城、公館崙、十四分、安溪寮、內挖、外挖」等移墾聚落，主要是沿著今日新店安坑地區的安康路一段至二段，以及安和路沿線分布著；安坑內五庄的「頭城（一城）、薏仁坑、二城（雙城）、三城、四城、五城」等移墾聚落，則是沿著今日的安康路二到五段沿線分布著，然後跨過新店區與三峽區的分水嶺，三峽地區的移墾聚落，再沿著三峽安坑路，以及「鹿母潭溪」與「橫溪流域」線狀分布；而新店溪下游沿著東岸順流排列，屬於臺北市的景美（梘尾）、萬隆、公館、古亭（鼓亭）與萬華（艋舺），沿著西岸順流排列，屬於新北市的中和（枋寮）、永和、中和（永和北側）、板橋（枋橋）與江翠（江子翠、江子嘴），因爲都已是土地重新開發後的都會

區，移墾聚落的型態幾乎已完全消失。

圖十八、新店溪下游主要移墾聚落位置分布示意圖〔註77〕

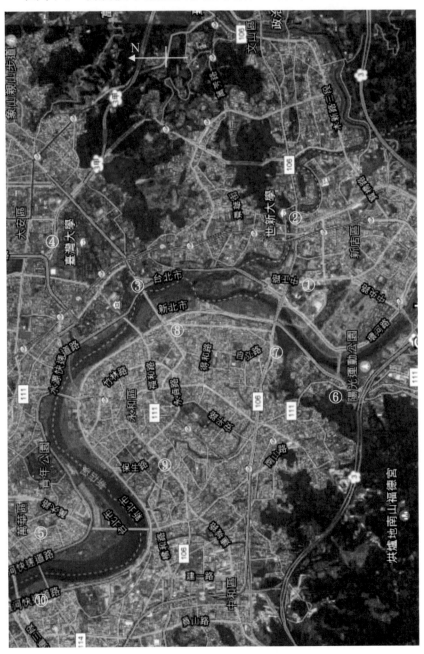

〔註77〕 參考引用 Google 地圖，搜尋日期：二〇一七年四月十二日，網址：https://www.
google.com.tw/maps/@25.0051976,121.5271485,8984m/data=!3m1!1e3?hl=zh-TW

圖中主要移墾聚落編號說明：

1、①大坪林　②景美（梘尾）③萬隆　④公館　⑤萬華（艋舺）　⑥外挖仔　⑦秀
　　朗　⑧永和　⑨中和　⑩板橋。

2、「①大坪林　②景美（梘尾）③萬隆　④公館　⑤萬華（艋舺）」為過去新店溪
　　右岸聚落；「⑥外挖仔　⑦秀朗　⑧永和　⑨中和　⑩板橋」為過去新店溪左岸
　　聚落。

二、移墾聚落的地理條件選擇

　　移墾聚落的「地理條件選擇」，是指移墾聚落在所坐落的大地理空間分布中，聚焦至小地理的在地環境因素選擇，是侷限於當地「地形、地貌、地物」的在地微空間概念。例如：移墾聚落座落處的地勢高、低，地理方位、依山或傍水、平原或丘陵、氣候、土質、礦產等等。本論文研究移墾聚落信仰圈，特將影響信仰圈的地理空間分布，以及影響地理空間分布的「地理條件選擇」，做邏輯性的分析探討，因為地理條件與選擇結果，將關係到移墾聚落的地理空間分布，也間接影響移墾聚落信仰圈的形成與發展。

（一）新店溪上游移墾聚落的地理條件選擇

　　新店溪上游的「坪林、福山、信賢、孝義、烏來、忠治、龜山」等移墾聚落，都是位於山地區域。坪林移墾聚落位於北勢溪右岸，是境內少數的河階平地，移墾聚落房舍建築多在此區域，其餘的地理環境則多為山坡地，適合茶葉種植，環繞四周全是山巒，地理環境形式與新店屈尺移墾聚落相類似。

　　福山部落位於阿玉溪的左岸，是屬於群山之間的平坦河階地；信賢部落也位於南勢溪的左岸，屬於狹長的邊坡地形，右岸是著名的「內洞森林遊樂區」（舊稱「娃娃谷」）；孝義部落位於桶後溪的左岸，是屬於群山間狹長的山坡地形加河階地；烏來部落是烏來區最大的部落，位於南勢溪與桶後溪的交會處，是屬於群山環繞的溪流沖刷河階地形，面積相較其他部落都為大，著名的「雲仙樂園、烏來瀑布、烏來溫泉」都在這個地區；忠治部落是烏來地區最北端的泰雅族原住民部落，位於新店溪的右岸高高的山坡臺地上。

　　龜山移墾聚落位於南、北勢溪交會的末端，屈尺里的「雙溪口」就在對岸，雖然龜山因南勢溪旁有一座龜狀小山因得名，但屬於兩溪沖刷出來的河階臺地，相對地理位置並不高，因此，靠近河邊的移墾聚落區，常常受洪水侵擾之苦，著名的「翡翠水庫」與「桂山電廠」（桂山電廠冰棒）即在龜山里。

（二）新店溪中游移墾聚落的地理條件選擇

有關新店溪中游移墾聚落的地理條件選擇，將以新店溪順流方向而下，進行分析探討，依序為：順著新店溪與附屬支流沿岸分布的「雙溪口、屈尺、廣興、赤皮湖、小粗坑、大崎腳、塗潭、直潭、灣潭、青潭、碧潭、新店街、大坪林」等移墾聚落；新店安坑外五庄的「大坪頂、頂城、下城、安溪寮、公館崙、柴埕、十四分、石頭厝、內挖、外挖」等移墾聚落；安坑內五庄的「車子路、薏仁坑、大茅埔、頭城（一城）、雙城（二城）、三城、四城、五城」等移墾聚落。

因地理區域劃分，屬於新店溪中游的雙溪口移墾聚落，地形與地貌皆與對岸的龜山移墾聚落相似，不過地理位置稍高些，較少水患困擾；屈尺移墾聚落最初的地理條件選擇，移墾先民選擇在今日當地住民稱為「城仔」的坡地上，這個區域是屈尺盆地中，地理位置相對較高的地方，適合拓墾時期增設石牆、土牆與環繞種植刺竹林叢等防禦性設施，形成一座「城池」的型態。後來隨著人口增加，原漢衝突日趨和緩，「城仔」之外的地區，才開始有其他附屬子聚落形成；廣興移墾聚落「城仔」（「城上」）的地理條件選擇，與對岸的屈尺移墾聚落相類似，因為二者有相似的地理形式。廣興移墾聚落也是選擇在新店溪旁的一處山丘上（四周都是較低平的原野地），逐漸形成具備防衛功能的「複合型」移墾聚落〔註78〕，以抵禦當時泰雅族原住民，以及其他族群盜匪的侵襲。

屈尺與廣興移墾聚落的地理條件選擇，有兩個共通點，一是聚落選擇的自然地理位置都較高，二是位置較高的山丘或山崙面積都不大，人口飽和後，勢必要往「城下」或「城外」發展，形成大聚落包圍小聚落的情形。碧潭西岸的大坪頂移墾聚落，也有與屈尺與廣興移墾聚落類似的發展歷程。

「赤皮湖」聚落位於群山中間的小平地，拓墾先民將此地形稱之為「湖」，屬於新店溪小支流「蘭溪流域」；「大崎腳」聚落顧名思義，就是「大香山」山坡下的陡斜坡（大崎），也是即將進入高聳山區的「山腳」地區，腹地狹長，緊鄰清潭移墾聚落；「碧潭、青潭、灣潭、直潭、塗潭」等移墾聚落，都是位於溪流邊的沖刷河階地，因為山脈的限制，移墾聚落腹地皆不大；新店溪中游後半段東岸的「大坪林、新店街」地區，由舊地名就可得知，

〔註78〕「複合型移墾聚落」同時具有居住功能、生產功能與防衛功能。

「大坪林」意指「林木茂盛的大平地」，「新店街」就是已具經濟商業活動的街市，都是屬於平坦遼闊的平原地形。過去這些位於平地的移墾聚落，鄰近水岸與交通要點而形成，沒有山脈限制，發展變遷快速。

新店碧潭安坑外五庄的「大坪頂」移墾聚落〔註79〕，地理條件選擇居高臨下，位於新店溪左岸上方的「大坪頂」上，碧潭就在岩壁的下方，安坑內、外五庄移墾聚落，最大的信仰中心「太平宮」〔註80〕，又稱為「大坪頂開漳聖王廟」〔註81〕，以及「中華民國空軍公墓」，都位在此處，地勢居高臨下。相對於「大坪頂」的名稱，還有「大平腳」〔註82〕。「大平腳」顧名思義，就是指「大坪頂之山腳」〔註83〕，位於「大坪頂」的下方區域，同樣是在碧潭西岸。

「頂城、下城」這二個移墾聚落，屬於靠山面河的地理形勢，靠山的方向有一些丘陵地形，原本的移墾聚落地理條件選擇，即在此處附近。過去此區域曾經設過槍斃場，目前則是亂葬崗，遍布傳統墓園，另外，下城移墾聚落邊緣區域，還有一些菜園和綠竹林，殘存的歷史土牆堆與刺竹林叢也在這裡，可供研究者緬懷；「公館崙」為小山丘地形，永不受水患威脅，日本統治時代的「安坑庄役場」就在這裡，今日安坑國小的地理位置，就是公館崙的最頂處；「十四分、安溪寮、內挖、外挖」都是屬於相對平坦的原野地形，有永豐圳（安坑圳）與五重溪（安坑溪）貫流其中。

新店安坑內五庄的「車子路、薏仁坑、頭城（一城）、雙城（二城）、三城、四城、五城」等移墾聚落，都是北面為山脈，山腳下為五重溪（安坑溪），以及一些較狹長平坦的河階地貌，全區都屬於山谷與溪流夾帶的狹長山谷地形。拓墾先民在進行移墾聚落的位址選擇時，就只能在現實的地理條件之

〔註79〕 「大坪頂」意指「一片較高的平地」，類似臺地或丘陵地，如同「大坪林」意指林木茂盛的大平地。

〔註80〕 安坑當地的居民，大多習慣稱太平宮為「大坪頂」或「大廟」。

〔註81〕 中華綜合發展研究院應用史學研究所總編纂：《新店市志》，新店：新店市公所，二〇〇六年，頁603。趙俊祥：《平潭春秋──河左岸碧潭風情》，新店：臺北縣新店市平潭社區發展協會，二〇〇六年，頁56。

〔註82〕 《戀戀碧潭情──尋找新店瑠公圳開拓史蹟》第36頁、《新店人的歷史》第50頁、《新店文史館導覽簡介》「大豐圳的開築」等部分，都是寫成「大平腳」。「大坪頂」與「大平腳」中間字體寫法不同，推斷是口語轉寫成文字之訛誤。查證《辭彙》內容，「坪」是名詞，指「平地」之意；「平」是形容詞，指「沒有凹凸高低」。因此判斷「大平腳」的正確寫法為「大坪腳」。

〔註83〕 如同北宜路上的「大崎腳」移墾聚落，意指大香山山坡下的陡斜坡下方區域。

下，挑選地勢較高，以及較平坦的河階地，當作聚落房舍建置的地點。經分析比較，安坑內五庄移墾聚落的地理條件選擇，聚落坐落點的地勢，都是相對周遭環境較爲高些。

（三）新店溪下游移墾聚落的地理條件選擇

　　新店溪流到了下游，移墾聚落的地理條件選擇，就變得相對單純。以新店溪順流方向而下，東岸接續中游末端的大坪林地區（景美溪左岸），是屬於臺北市的景美（梘尾）、萬隆、公館、螢橋、古亭（鼓亭）與萬華（艋舺）；西岸接續中游末端的安坑外五庄地區（外挖），是屬於新北市的中和南勢角（枋寮）、永和、中和（永和北側）、板橋（枋橋）與江翠（江子翠、江子嘴）。

　　新店溪流域屬於下游地區的景美（梘尾）、萬隆、公館、螢橋、古亭（鼓亭）與萬華（艋舺）、中和（枋寮）、永和、中和（永和北側）、板橋（枋橋）與江翠（江子翠、江子嘴）等地，地理條件都是沿著新店溪分布的平原地形或濕地，基本上移墾聚落的地理條件選擇，並無太大的差異。而可能影響新店溪下游移墾聚落的坐落點選擇，反而是族群合作或是衝突影響來得大，譬如「原漢衝突、閩客衝突、漳泉分類械鬥」等等。這些族群衝突在過去的拓墾時期，往往會影響到移墾聚落的形態與消長。

　　新店溪下游移墾聚落，因爲長期拓墾發展，住民生活型態改變，接著土地重劃積極開發，如今已都是高樓林立的都會區，過去移墾聚落的型態與區域，幾乎已完全消失而不可得，僅能從沿續自過去的部分舊地名，以及部分寺廟及古蹟建物，推論探知當初新店溪下游，移墾聚落的開發歷史。

第四章　新店溪流域信仰圈之
　　　　　形成與發展

　　從臺灣各鄉鎮市區遍地廟宇林立，且各地廟會活動幾乎全年可見，就可推論臺灣各地方移墾聚落的地域性民間信仰型態，以及各種與民間信仰有關的寺廟活動，通常就是臺灣漢人社會組織中，在地的傳統文化與信仰習俗的呈現。相關的論點與發展，可由諸多有關「祭祀圈、信仰區域、信仰圈」的研究得到印證〔註1〕。因此，「祭祀圈、信仰區域、信仰圈」相關的背景因素與發展沿革，也就成了在地的獨特文化象徵與歷史資產。

　　「祭祀圈」是地域性民間宗教組織的一種概念，通常是包含各種不同規模的地方性民間信仰組織與祭祀活動，一般是指與地方廟宇或信仰神祇的祭祀範圍，也涵蓋社區性或在地性的各式宗教祭祀活動，例如新店安坑大坪頂的「開漳聖王祭祀組織」，屈尺岐山巖清水祖師廟的「祖師公聖誕」祭典〔註2〕，新店溪流域的「雙忠崇祀」繞境活動等〔註3〕；「信仰圈」是以神明信仰為核心，由信徒所形成的宗教信仰組織，信徒與廟宇的分布範圍較廣，幾乎都超越在地移墾聚落的範圍。林美容針對祭祀圈提供了幾項參考指標：

　　　　祭祀圈是指一個以主祭神為中心，共同舉行祭祀圈的居民所屬

〔註1〕 林美容：〈由祭祀圈來看草屯鎮的地方組織〉，《中央研究院民族學研究所集刊》
　　　　第六十二期（一九八七年五月），頁53～114。
〔註2〕 每年農曆正月初六，屈尺岐山巖清水祖師廟都會舉辦「恭祝清水祖師聖誕三
　　　　獻法會」。
〔註3〕 溫振華：〈臺北高姓——一個臺灣宗教組織形成之研究〉，《臺灣風物》第三十
　　　　期（一九八〇年十二月），頁35～53。

的地域單位。根據此一定義及以下幾項參考的指標，我們可以劃出草屯鎮所有的祭祀圈：一、共同出資建廟或修廟，二、收丁錢或題緣金，三、演公戲，四、頭家爐主，五、巡境，六、其他共同的活動，如宴客等。〔註4〕

以一個主祀神祇為中心的祭祀圈，是一般公認的共同舉行祭祀圈的基本地域單位，因此，在這個定義架構下，可以將是否有「共同出資建廟或修廟、收丁錢或題緣金、演公戲、頭家或爐主的設置、出巡繞境等共同的活動（例如宴客）」，當作認定的參考指標。

　　本論文同時探討祭祀圈與信仰圈的概念內容，並以新店溪流域各移墾聚落實例，來論述由「在地祭祀圈」到「跨聚落信仰圈」的發展過程，進而探討臺灣其他地區，各種不同形態移墾聚落的發展要素。〔註5〕

第一節　祭祀圈與信仰圈

一、新店溪流域祭祀圈與信仰圈的變遷

　　新店溪流域移墾聚落組織與聚落彼此之間的互動、連結與合作，是漢人先民拓墾時期的一個特殊性發展，這發展中間還與地區性的宗教祭祀組織有關。新店溪流域內的寺廟相當多〔註6〕，關於移墾聚落族群屬性，原則上可略分為泉州、漳州與客家（「閩客、福佬客、河洛客」）三大區塊〔註7〕。拓墾先民在特殊的地理環境與社會條件下，發展出了地方性的「祭祀圈」模式，以及區域性的「信仰圈」模式，兩種模式都是顯示運用宗教的祭祀與信仰，來達到社會穩固與相聯結的需求。

〔註4〕 林美容：〈由祭祀圈來看草屯鎮的地方組織〉，《中央研究院民族學研究所集刊》第六十二期（一九八七年五月），頁53～114。

〔註5〕 由祭祀圈到信仰圈的發展過程，和移墾聚落的擴張、延伸與影響力，有非常密切的相關。許嘉明：〈祭祀圈之於居臺漢人社會的獨特性〉，《中華文化復興月刊》第十一期（一九七八年六月），頁59～68。

〔註6〕 換算成土地面積比，可得知密度相當高，各式大小寺廟都有，也有家居式的佛堂、齋堂、小宮廟、神壇、土地公廟和有應公廟，涵蓋道教、佛教、一貫道、民間信仰、自然神祇、泛靈崇拜等屬性。

〔註7〕 除了漳州與泉州兩大區塊之外，還有一些客家籍、新住民與原住民等其他族群，但因早期移墾族群的因素，還是以漳、泉為最主要的兩個族群主體。

（一）「祭祀圈」的概念

關於「祭祀圈」的研究，學術界已有很多的探討與定義，而「信仰圈」的研究，更進一步補充了「祭祀圈」的概念。「祭祀圈」與「信仰圈」這兩個概念，可以對移墾聚落的宗教祭祀與信仰本質，進行更清晰的解釋。藉由探究祭祀圈發展成信仰圈，也能闡明移墾聚落裡，宗教祭祀與信仰發展的歷史脈絡。

「祭祀圈」在早期學術上的定義，是指共同奉祀一個主神的區域，以及在地住民所居住的地方，通常指的就是早期展起來的移墾聚落〔註8〕。後來的「祭祀圈」定義，通指「一個完整而特定的地方範圍，並在這個特定的區域內，在地居民所形成的志願性、主動性與義務性的祭祀組織模式，以及相關祭祀活動等。」〔註9〕所以，祭祀圈一般認定的定義，可彙整描述爲「以一個主祭神爲中心，信徒共同舉行祭祀所屬的地域單位。其成員則以主祭神名義下之財產所屬的地域範圍內之住民爲限。」〔註10〕直接說明祭祀圈就是在一定的地區範圍內，而這個範圍內的在地居民，必須有共同的祭祀組織或相關祭祀活動。

本論文探究新店溪流域祭祀圈與信仰圈的變遷，設定範圍以移墾聚落的中心信仰寺廟爲核心，所以祭祀圈與信仰圈的研究標的，是以各地方的實體寺廟爲主。

表二、新店溪流域主要寺廟基本資料一覽表

序號	寺廟名稱	主祀神祇	寺　廟　地　址
1	龜山福德宮	福德正神	新北市新店區新烏路三段 165 巷 20 號旁
2	文山清水巖	清水祖師	新北市新店區新烏路 2 段 451 號
3	屈尺岐山巖	清水祖師	新北市新店區屈尺路 125 號
4	廣興長福巖	清水祖師	新北市新店區廣興路 34 之 1 號
5	碧潭太平宮	開漳聖王	新北市新店區太平路 61 號

〔註8〕岡田謙著：〈臺灣北部村落於祭祀圈〉，《民族學研究》第四期（一九三八年一月），頁2。
〔註9〕施振民：〈祭祀圈與社會組織——彰化平原聚落發展模式的探討〉，《中央研究院民族學研究所集刊》第三十六期（一九七五年十二月），頁2。
〔註10〕岡田謙著：〈臺灣北部村落於祭祀圈〉，《民族學研究》第四期（一九三八年一月），頁2。

6	雙城潤濟宮	三官大帝	新北市新店區安康路 3 段 306 號
7	三城日興宮	謝府元帥附祀開漳聖王	新北市新店區安康路 3 段 530 號
8	木柵忠順廟	保儀雙忠	臺北市文山區中崙路 13 號
9	木柵集應廟	保儀雙忠（張氏）	臺北市文山區保儀路 76 號
10	景美集應廟	保儀尊王（高氏）	臺北市文山區景美街 37 號
11	萬隆集應廟	保儀雙忠（林氏）	臺北市文山區羅斯福路 5 段 211 巷 1 號

（本表由本論文研究者黃啓宗整理製作）

　　有關祭祀圈的定義，還有一個問題需要解釋釐清，那就是以主要神祇祭祀範圍來定義祭祀圈，或是以寺廟為區域核心以定義祭祀圈，都會有兩個或更多個祭祀圈重疊的狀況，這種情形在信仰圈的研究時，也同樣會遇到。祭祀圈重疊的情形，例如：安坑外五庄有大坪頂太平宮，奉祀開漳聖王，也有溪洲福德宮、頂城平福宮、華城華福宮、頂城福德宮、大湖底福德正神廟、下城咸福宮、十四份福德宮、柴埕福仁宮、外挖仔安和宮與內挖仔玄福宮等土地公廟，祭祀福德正神。

　　大坪頂太平宮祭祀圈與外五庄各地福德宮祭祀圈，就有祭祀圈重疊共同祭祀的情形；安坑內五庄有雙城潤濟宮，主祀三官大帝，三城日興宮，主祀謝府元帥〔註 11〕，附祀開漳聖王，還有公館崙福德宮、車子路福安宮、薏仁坑福德宮、薏仁坑延仁宮、薏仁坑同德宮、大茅埔濟安宮、頭城福興宮、雙城雙福宮、雙城雙興宮、三城福德宮、日興宮附設福德宮、四城興盛宮與五城五福宮等土地公廟。內五庄雙城潤濟宮祭祀圈與三城日興宮祭祀圈，以及內五庄各地福德宮祭祀圈，也有祭祀圈重疊共同祭祀的情形。

　　新店溪中游屈尺有歧山巖清水祖師廟，奉祀清水祖師，也有千佛山白雲禪寺，供奉彌勒菩薩與三寶佛〔註 12〕，還有屈尺福德宮，祭祀福德正神。歧山巖清水祖師祭祀圈與千佛山白雲禪寺祭祀圈，以及屈尺福德宮祭祀圈，也

〔註11〕　「謝府元帥」在世俗名為「謝玄」，東晉孝武帝時任廣陵相，招募徐、兗二州驍勇兵士，組成一支精銳軍隊。因為徐州是江蘇的北大門，歷朝歷代皆為兵家必爭之地，因此稱為「北府兵」。淝水之戰即是以此軍隊為主力。日興宮的〈謝府元帥聖紀〉及〈日興宮歷史簡介〉中，記載「謝府元帥」為「謝玄」，但《安坑拾珍》（張錦霞等編輯：《安坑拾珍》（新店：新店市公所，二〇〇三年十二月）。）將「謝府元帥」記為「謝安」。

〔註12〕　「三寶佛」，中尊是娑婆世界教主「釋迦牟尼佛」，左側東方淨琉璃世界「藥師佛」，右側西方極樂世界「阿彌陀佛」。

有祭祀圈重疊共同祭祀的情形；屈尺對岸的廣興有長福巖清水祖師廟，奉祀清水祖師，也有眞武山受玄宮，供奉北極玄天上帝，還有廣興福德宮，祭祀福德正神。長福巖清水祖師祭祀圈與眞武山受玄宮祭祀圈，以及廣興福德宮祭祀圈，也有祭祀圈重疊共同祭祀的情形。茲將新店溪流域祭祀圈重疊共同祭祀的寺廟，彙整成「附錄 2-4、新店溪流域祭祀圈重疊共同祭祀表」，以供參閱。

（二）「共神信仰」的概念

基於二個以上祭祀圈重疊的狀況，可以重新補充祭祀圈的定義：「祭祀圈是『爲了共神信仰〔註13〕，而共同舉行祭祀的居民，所屬的地域單位。』」〔註14〕傳統漢人聚落的居民，最常見的共同祭祀活動有二個：一是主祀神祇的聖誕千秋祭典；二是神祇的巡狩遶境靖鄉〔註15〕。共同祭拜神祇的「共神信仰」，是漢人社會最典型的風俗文化之一。傳統最基本的「共神信仰」應屬「社稷神」——福德正神（土地公、「伯公」）〔註16〕，其次的「共神信仰」應屬是玉皇大帝（天公）與三官大帝（「三界公」）〔註17〕，接著是地方神祇與原鄉守護神〔註18〕，最終是自然信仰與孤魂野鬼〔註19〕。二個或更多個祭祀圈重疊的狀況，是「共神信仰」的常態現象，同時、同地與同俗的共同舉

〔註13〕「共神信仰」是指傳統漢人同風共俗祭拜天地鬼神的信仰文化。

〔註14〕林美容：〈由祭祀圈來看草屯鎮的地方組織〉，《中央研究院民族學研究所集刊》第六十二期（一九八七年五月），頁 56。

〔註15〕神祇在信仰圈內遶境巡狩，遶境所過之處，居民皆於自家門口，擺設香燭祭品敬拜。

〔註16〕傳統漢人自古即有社稷神祇祭祀，社稷神即是俗稱土地公的福德正神。臺灣地區「田頭田尾土地公」，新店溪流域的每一個移墾聚落，也都有至少一座土地公廟。土地公是地方守護神，傳統漢人在農曆初一、十五，總是虔誠祭祀（經商買賣者在農曆初二、十六祭拜）。客家族群暱稱得正神爲「伯公」。

〔註17〕「三界公」即「天官、地官、水官」，合稱「三官大帝」，是掌管「天界、人界、陰界」的神祇。臺灣傳統的民間習俗，於「上元、中元、下元」三個節日，分別祭拜「三界公」。

〔註18〕地方神祇與原鄉保護神，通常是地方寺廟中所供奉的最主要神祇，更是地方居民最尊敬的神祇，同時也是地方信仰與文化的象徵。有些移墾聚落會有一個主神，與附祀多個副神。

〔註19〕自然信仰是指屬於自然萬物神格化的「大樹公、石頭公、電公、雷母、山神、河伯、海神、地基主」等神祇；孤魂野鬼是指無人奉祀的無主遊魂，例如臺灣各地有很多「萬應公、萬善祠、百姓公、大眾廟、義民祠」等。「普度、普廟口、建醮」的祭祀活動中，可以看到許多普施亡魂的儀式，即是對共同祭祀的印證。

行祭祀，可讓同祭祀圈的居民，產生歸屬感與凝聚力，這種情形在新店溪各個移墾聚落，都能夠普遍見到。

「社稷神、玉皇大帝與三官大帝、地方神祇與原鄉守護神、自然信仰與孤魂野鬼」這四種類型的神祇，在新店溪流域祭祀圈的共同祭祀，以社稷神、地方神祇與原鄉保護神佔最大的比例，例如：安坑外五庄的共同祭祀是開漳聖王與福德正神；安坑內五庄的共同祭祀是三官大帝、謝府元帥、開漳聖王與福德正神；新店溪中游屈尺聚落的共同祭祀是清水祖師與福德正神；廣興聚落的共同祭祀是清水祖師、北極玄天上帝與福德正神；龜山聚落的共同祭祀是保儀雙忠與福德正神。

由上述的新店溪流域祭祀圈分析得知，祭祀圈已然成為在地移墾聚落的象徵之一。如果移墾聚落同時擁有地方神祇與原鄉守護神，地方神祇與原鄉保護神，就會成為移墾聚落的象徵；若只有福德正神，則福德正神便是移墾聚落的象徵。地方神祇、原鄉守護神與福德正神，都有一定的祭祀區域，此祭祀區域，仍有明確的地理範圍界限。不過，隨著交通發達，資訊傳播更快速，社會變遷與經濟發展也日近千里，祭祀圈變遷發展至信仰圈時，信仰圈的區域，就不一定會有明確的地理界限。

（三）從祭祀圈到信仰圈的變遷

祭祀圈發展成信仰圈，通常是民間社會各族群，宗教信仰的自主性發展，與政府的地方行政組織或官僚體制無關，不過官方釋放的管理權限與態度，以及讓民間社會與族群擁有組織力的空間，也是會影響到民間社會組織與族群信仰圈的規模，畢竟掌控社會安定，促進社會發展，也是政府存在的理由與責任。

以寺廟為中心的宗教性組織與活動，有「祭祀圈」與「信仰圈」的分別。經由祭祀圈與信仰圈概念的釐清，新店溪流域移墾聚落祭祀圈與信仰圈的變遷脈絡，可歸納出以下幾點相關的參考指標：

1、多元神祇祭祀的形成。

2、祭祀圈的重疊現象。

3、移墾聚落的擴張與發展。

4、地方祭祀圈組織健全化。

5、神祇信仰結合地方組織。

　　從祭祀圈的整體概念，套用在信仰圈研究時，也能發現以上五點類似的發展模式。因此，可知移墾聚落祭祀圈的變遷，有一定的範圍大小，約略可分成「聚落性」、「區域性」、「跨聚落性」、「跨區域性」等不同的四種層次規模，直接與間接的影響到跨區域信仰圈的形成。新店溪流域移墾聚落的祭祀圈，就以「聚落性、區域性、跨聚落性與跨區域性」四個面向來說明〔註20〕：

1、聚落性祭祀圈

　　在新店溪流域的移墾聚落，以「福德正神祭祀圈」為最多，屬於獨立、封閉的小區域祭祀圈。新店安坑外五庄的「大坪頂、頂城、下城、公館崙、十四分、安溪寮、內挖、外挖」，內五庄的「車子路、薏仁坑、頭城（一城）、雙城（二城）、三城、四城、五城」，新店溪中游的「大坪林、新店街、碧潭、青潭、灣潭、直潭、塗潭、大崎腳、赤皮湖、廣興、屈尺、雙溪口」，上游的「龜山、忠治、烏來、孝義、信賢、福山、坪林」等移墾聚落，幾乎都各自有屬於自己聚落的土地公廟（福德宮）〔註21〕，無一例外。甚至有些移墾聚落因為區域擴張的原因，「田頭田尾土地公」，都有二處以上的土地公廟。

　　新店溪上游屬於泰雅族原住民部落的區域，例如信賢、烏來，因為也有相當多的漢人居住，也因此建有許多土地公廟與其他寺廟。烏來地區是知名的觀光區，族群混居比例較高，因此除了許多長老教會的教堂之外，屬於佛教、道教與民間宗教信仰的大小寺廟，也是隨處可見，彰顯臺灣地區宗教信仰自由，以及人們彼此尊重包容的修養與內涵。

〔註20〕　本論文選擇最具地方代表性的五大廟宇，包括安坑大坪頂太平宮、雙城潤濟宮、三城日興宮、屈尺岐山巖與廣興長福巖，作為探究的對象。這五大廟宇皆歷史悠久，且是當地居民最主要的信仰中心。

〔註21〕　新店溪流域在拓墾時期，移墾先民們為祈求平安及拓墾順利，每個移墾聚落都各自有屬於自己庄頭的土地公廟。

圖十九、新店溪上游主要寺廟與教堂位置分布示意圖〔註22〕

〔註22〕 參考引用 Google 地圖，搜尋日期：二〇一七年四月十二日，網址：https://www. google.com.tw/maps/@24.9235815,121.5940748,35093m/data=!3m1!1e3?hl=zh-TW

圖中主要寺廟與教堂位置編號說明：

1、①福山教會　②信賢教會　③烏來教會　④烏來福德宮　⑤烏來妙心寺　⑥忠治教會　⑦龜山福德宮　⑧雙溪口文山清水巖　⑨雙溪口民壯亭　⑩雙溪口觀心佛堂。

2、①福山基督長老教會是烏來區最深山的教會；②信賢教會靠近內洞森林遊樂區；③烏來教會與南光教會位於南勢溪左右兩岸；④烏來福德宮（溫泉街一號之一）；⑤烏來妙心寺（烏來街 71 號）；⑥忠治教會是進入烏來區的第一間教會；⑦龜山福德宮位於新北市童軍訓練中心側門對面，另新烏路旁有龜山教會；⑧雙溪口文山清水巖（主祀清水祖師）；⑨雙溪口民壯亭（主祀民壯公、義民爺）；⑩雙溪口觀心佛堂（主祀觀音佛祖，屬於鸞堂宮廟）。

2、區域性祭祀圈

相對於屬於獨立、封閉的小區域聚落性祭祀圈，區域性祭祀圈範圍較大，多以移墾聚落核心寺廟為中心。例如：新店溪中游屈尺地區的「清水祖師祭祀圈」，即是以屈尺清水祖師廟岐山巖為中心，祭祀圈範圍包含大屈尺地區的城仔、水尾、山腳、雙溪口等區域；屈尺地區對岸廣興地區的「清水祖師祭祀圈」，即是以廣興清水祖師廟長福巖為中心，祭祀圈範圍涵蓋大廣興地區的城上、廣、跨聚落性興橋、平廣、小坑等區域。

3、跨聚落性祭祀圈

常是以歷史悠久的地方主要寺廟為中心，例如：新店安坑內五庄「三官大帝祭祀圈」，即是以雙城潤濟宮為中心，祭祀圈跨越「薏仁坑、頭城（一城）、雙城（二城）」等移墾聚落；新店安坑內五庄謝府元帥祭祀圈，即是以三城日興宮為中心，祭祀圈跨越「三城、四城、五城」等移墾聚落。

4、跨區域性祭祀圈

通常此類廟宇，不但歷史悠久、規模宏大，還具有相當的知名度，甚至成為名勝景觀或旅遊景點。例如：新店安坑內、外五庄的「開漳聖王祭祀圈」，即是以「大坪頂太平宮」為中心。大坪頂太平宮是安坑內、外五庄區域的中心寺廟，祭祀圈範圍涵蓋廣義的大安坑地區，也與內五庄三城日興宮（附祀開漳聖王）祭祀圈相連結，於大安坑地區東、西兩端相呼應。「開漳聖王祭祀圈」除在新店溪西岸區域之外，甚至跨域到新店溪東岸區域，以及其他縣市的開漳聖王祭祀圈，是屬於非常典型的跨區域性祭祀圈；北臺灣新店溪流域的「保儀雙忠祭祀圈」，涵蓋的區域包括景美（集應廟）、木柵（忠順廟）、深

坑（集順廟）、石碇（集順廟）、新店（大坪林五庄）〔註23〕、屈尺（清水祖師廟岐山巖附祀）、雙溪口（文山清水祖師廟清水巖附祀）、廣興（清水祖師廟長福巖附祀）等地〔註24〕，也是屬於非常典型的跨區域性祭祀圈。

統整祭祀圈到信仰圈的變遷，可知祭祀圈與信仰圈，有地方性與區域性的差別，因此信仰圈的組織型態與祭祀圈的模式也有所不同。祭祀圈的基本概念之一，就是寺廟是屬於地方移墾聚落，經營管理與祭祀組織由聚落居民構成。最常見的形式，是由地方賢達組成寺廟的經營管理組織〔註25〕，再由「頭家爐主制度」產出每年的祭祀組織〔註26〕。有些屬於小聚落的地方，人口數與祭祀香火皆不多，就沒有所謂的管理組織與祭祀組織，只是將管理組織與祭祀組織合在一起。

在移墾聚落或部落中，祭祀圈是一個比較基本的概念，因為有聚落就有祭祀圈，祭祀圈幾乎可代表人類群體祭祀的原型。信仰圈不是祭祀圈寺廟組織、管理組織和祭祀組織的概念和形態，嚴格說起來，信仰圈只是一種「信徒組織」，是屬於軟性與非形式性的。信仰圈與祭祀圈廟宇組織雖有宗教信仰上的相關，但形態上是有所別的。

〔註23〕 大坪林五庄是保儀大夫與保儀尊王的信仰圈，但信仰主神是沒有固定寺廟的。
〔註24〕 大坪林五庄（十四張、十二張、二十張、七張及寶斗厝）屬泉州移民，主要的宗教信仰是原鄉守護神保儀大夫與保儀尊王。清朝統治時期，這五個移墾聚落，於每年農曆正月二十日及十月十五日舉行聯合大拜拜，正月 20 日為「求平安」，十月十五日為「謝平安」。由木柵忠順廟恭迎保儀大夫與保儀尊王，請至聚落內土地公廟供信眾祭祀，並依十四張、十二張、二十張、七張及寶斗厝的順序，各輪流供奉一日，各聚落各自請陣頭遶境靖鄉。
〔註25〕 所謂的「地方賢達」或「地方頭人」，是指地方仕紳、里長、區長、市長、民意代表、捐款寺廟最多的人（自己、親人或是祖先）等。
〔註26〕 自有意願當爐主的居民中「擲筊」選出，代表祭祀圈成員進行祭祀活動。

圖二十、新店溪下游主要寺廟位置分布示意圖〔註27〕

圖中主要寺廟位置編號說明：

1、①大坪林泰山巖顯應祖師廟　②景美集應廟　③萬隆集應廟　④木柵集應廟　⑤

〔註27〕參考引用 Google 地圖，搜尋日期：二〇一七年四月十二日，網址：https://www.
google.com.tw/maps/@25.0051976,121.5271485,8984m/data=!3m1!1e3?hl=zh-TW

木柵忠順廟　⑥萬華清水巖清水祖師廟　⑦萬華龍山寺　⑧永和保福宮　⑨中和廣濟宮　⑩中和烘爐地福德宮。

2、「①大坪林泰山巖顯應祖師廟　②景美集應廟　③萬隆集應廟　④木柵集應廟　⑤木柵忠順廟　⑥萬華清水巖清水祖師廟」主要為泉州安溪族群信仰；「⑦萬華龍山寺」主要為泉州晉江族群信仰；「⑧永和保福宮」由大龍峒保安宮分靈）要為泉州晉江族群信仰；「⑧永和保福宮」由大龍峒保安宮分靈）主要為泉州同安族群信仰；「⑨中和廣濟宮」（主祀開漳聖王）主要為漳州與客家族群信仰；「⑩中和烘爐地福德宮」（南山福德宮、烘爐地南山福德宮、中和南山福德宮）是北臺灣最著名的土地公廟之一，與南投民間紫南宮，屏東車城福安宮齊名，號稱全臺北、中、南三間最知名的土地公廟。烘爐地福德宮由「福建漳州詔安二都」呂姓先祖，於清朝統治時期乾隆初年，建「三塊石廟」開始奉祀。最初的「石板廟」留存至今，形成「廟中有廟」奇觀。

（四）「信仰圈」的形成

祭祀圈可能發展成為信仰圈，但並非所有的祭祀圈都可發展為信仰圈。祭祀圈與信仰圈之間，有發展先後的序列關係，有些祭祀圈可能發展成信仰圈，有些則沒有。有些主、客觀的條件，直接或間接的促成信仰圈的形成，此外，也有一些因素，可能限制信仰圈的發展。本小節將以新店溪流域移墾聚落，祭祀圈與信仰圈發展變遷的實例，一一論述說明。

探析臺灣的寺廟經營管理與神祇信仰，「開放性」是一個非常重要的關鍵因素。雖然說地方寺廟的興建、經營、管理與祭祀活動，是屬於寺廟經營管理組織與祭祀組織的責任，但一般常見的情況是，寺廟落成使用後，並不會限制只供當地聚落的居民祭祀，而排除外地的信眾，因此，傳統寺廟可視為公共的開放空間。在地居民人口有限，外地信眾人數無限，外地信眾越多，表示寺廟香火越鼎盛，奉祀的神祇也會有「蔭外方」的傳說散布出去。因此，在良性循環之下，就會引來更多的信眾參與信仰與祭祀，不但增加寺廟香油錢的收入，也能從移墾聚落的祭祀圈，演變成更大的信仰圈。

在探究新店溪流域移墾聚落的歷史根源與發展過程中，發現族群分布與信仰圈的形成，也有不可切割的關係。過去新店溪流域移墾聚落信仰圈內的寺廟，於年度例行性慶典日時，都要進行祭祀活動，而遇到特殊的節日、事由或「大日」〔註28〕，甚至可能要「作大戲」，當自己的族群聚落無法單獨承

〔註28〕所謂特殊的節日、事由或「大日」，譬如三年一次或五年一次的大拜拜，或是更多年一次的「作醮」活動。例如過去木柵集應廟九年一次「刣豬公」，新店

擔時，就與鄰近的聚落，或是相同血緣與信仰的其他聚落聯合，漸漸的就發展出跨聚落的祭祀圈與信仰圈。因此，可知祭祀圈的本質上就是一種地域性的組織，呈現出拓墾先民以神祇信仰，來凝聚團結組織地方群眾的方式。隨著祭祀圈層次不斷的擴展，以及不同祭祀圈之間的交集互動發展，自然的表現出傳統社會以聚落為單位（有些是還加上鄰近依附的「小聚落」或「次聚落」），逐漸演變成大區域信仰圈的融合互動與發展過程。

新店溪流域移墾聚落祭祀圈與信仰圈，都是拓墾先民藉由神祇信仰來結合族群的方式與過程，也就是藉由宗教信仰的生成與運作，自然形成地緣性的祭祀圈社會組織，以及跨區域的信仰圈規模。祭祀圈的社會性組織是屬於較嚴謹的，跨區域的信仰圈是屬於較自由鬆散的。因此，從新店溪流域移墾聚落到全臺灣，許多的民間力量與組織力，都是藉由宗教形式與信仰活動，才能在地方空間上展現出來。這種因宗教信仰而產生的「文化驅動力」，與自古以來漢人的宇宙觀，以及因為共同祭拜天地神鬼的信仰需求，而有群體性的宗教活動，有密切的相關，此種信仰文化現象，也是祭祀圈與信仰圈形成的原因之一。

關於「信仰圈」的形成，以下分成四點說明，論述信仰圈的內涵：

1、信仰圈以「一神信仰」為中心

信仰圈的主祀神祇，通常都是規模宏大、歷史悠久、知名度高與號召力強的寺廟主神，也就是一般認定較為「神威顯赫」、「慈悲眾生」、「有靈有感」和「有求必應」的神祇，所以信仰圈的發展是有條件的，也有形式可以依循。例如：新店安坑地區的開漳聖王信仰圈、新店溪中游的清水祖師信仰圈與新店溪流域（已涵蓋整個淡水河流域）的保儀雙忠信仰圈（保儀大夫與保儀尊王）。

2、信仰圈超越有形組織

信仰圈的成員是自發性、志願性、「歡喜做，甘願受」的，相對於祭祀圈的成員，在某些情境下，是屬於較義務性與強迫性的，如同「遵循習俗」一般，一但「與眾不同」，就自然會產生心理上的壓力與掛礙。信仰圈是基於對特定神祇的信仰與崇敬，成員組成超出寺廟所在地的移墾聚落，包括有形的地理區域，以及無形的祭祀圈範圍。例如：一般移墾聚落的土地公廟，通常都是只有當地居民會去信仰與祭祀，因為每一個人所居住的聚落，都有自己

太平宮依八組姓氏輪值聖誕千秋祭祀，有些大姓氏聚落，八年才輪一次大拜拜。

的土地公廟，無需特地去祭拜其他聚落的土地公，這就是典型的「聚落式祭祀圈」。新店溪流域的土地公廟，都是類似的性質。有名的北臺灣「中和烘爐地福德宮」，著名的中臺灣「南投竹山紫南宮」，知名的南臺灣「屏東車城福安宮」，這幾座全臺灣香火最鼎盛的福德正神「大廟」，就是超越所屬移墾聚落的範圍〔註29〕，信仰圈已遍及全國。

3、信仰圈集結不特定的跨區域性人群

信仰圈集結的人群是屬於不特定的跨區域特性，信仰圈組織的也是跨區域性的活動。過去一些移墾聚落，在尚未建廟之前，時常以「神明會」（「土地公會」、「聖王公會」、「祖師公會」等）的形式，共同奉祀一尊（或多尊）神祇，例如新店大坪林地區五庄，以及新店溪中游屈尺與廣興地區的「保儀雙忠」信仰（保儀大夫與保儀尊王信仰，又稱「迎尪公」），這是屬於跨區域性信仰圈；也有一些寺廟是在建廟之後，才組織成員設立神明會，例如大坪頂太平宮、雙成潤濟宮、三城日興宮、屈尺歧山巖、廣興長福巖、下城咸福宮等。神明會的組織與功能，使廟宇的慶典祭祀活動更熱絡，也負責動員、表演、抬轎、遶境等任務。這樣的神明會組織是附屬於寺廟，只能算是祭祀圈組織的活動。若是祭祀圈活動能繼續發展到跨區域性的活動，參與的成員至少有一部分是跨區域性的，那就是信仰圈的規模了，例如大坪頂太平宮的開漳聖王信仰圈。

4、信仰圈屬非固定式的活動

信仰圈的活動都是屬於非固定式的形態，相對於較屬固定式的祭祀圈活動。常見的信仰圈活動，例如的跨區域進香、過爐、分香、刈火、迎神、遶境靖鄉等活動〔註30〕，也包括主祀神祇的聖誕祭典，除聖誕祭典有固定的一段時間之外，其餘活動時間較不固定。祭祀圈的活動較屬固定式的，例如每年的春節、中秋、上元、中元、下元、陪祀與附祀神祇聖誕、酬神謝神作戲等，按照固定的時序進行。

總結新店溪流域祭祀圈與信仰圈的變遷脈絡，祭祀圈本質上較屬於地方組織形式，展現出拓墾漢人運用神祇信仰，結合與組織地方力量的方式。信

〔註29〕 「南投竹山紫南宮」本廟主體並不大，只是一般傳統土地公廟的大小，不過因為香火鼎盛，信仰圈遍及全臺，甚至海內外。

〔註30〕 大坪頂太平宮、屈尺歧山巖、廣興長福巖等廟，即有相當多的進香、過爐、刈火、迎神、遶境等活動，其他為數眾多的福德宮則無。

仰圈本質上屬於跨地方的軟組織形式（信徒組織），與寺廟的管理組織，以及寺廟的祭祀組織，並不一定會一致，而且常常是互相分開的。信仰圈成員（信徒）全是基於對信仰主神的信仰，甘願為信仰主神的祭祀活動，主動參與，並出錢又出力。不同範圍大小的祭祀圈，彼此之間的連結、交集與擴展模式，也呈現了拓墾先民，以移墾聚落為基礎，發展社會組織，進行互動、合作與融合的過程。〔註31〕

　　祭祀圈是屬於地方性質的，信仰圈則是屬於廣大區域性質的。信仰圈通常涵蓋較大的地域範圍，且其涵蓋的範圍，通常會超越最大的地方聚落的範圍，超越行政區域的有形界線。信仰圈以祭祀圈為基礎，發展出各地聚落以「一神信仰」為中心。碧潭西岸大安坑地區為開漳聖王信仰圈，大屈尺與廣興地區為清水祖師信仰圈，大文山地區（景美、木柵、深坑、石碇、新店等區）為保儀雙忠信仰圈〕〔註32〕，這些「一神信仰」的概念，並不包括主神寺廟中，其他的配祀神和從祀神等，因為這些配祀神和從祀神的祭祀，狹義的界定是地方聚落居民的義務，所以是屬於祭祀圈的活動。移墾聚落信仰圈，直接形塑出地方獨特的信仰文化，也間接呈現出地方特色的慶典儀式與活動。

　　通常信仰圈都是處於不斷變遷的過程，有的信仰圈可能經歷農業社會與工商社會的轉型後，正在逐漸式微沒落，抑或是被其他信仰圈所融合或取代；也有一些信仰圈在新觀念的加持、鄉土教育的結合，以及地方意識的強化下，獲得了進一步的發展，譬如樹林柑園地區的「保儀雙忠」（「尪公」）信仰，即與學校教育課程，結合成為地方性的重要特色活動。關於保儀雙忠信仰圈，值得一提的是，因為農業科技進步，肥料、農藥、耕作法都已不同昔日，因此「驅蟲祛疫」的需求，也就不再需要煩勞尪公了，因此「迎尪公」（「請老祖」）這樣「實用性」的信仰儀式，在現代的社會，自然也就沒有存在的必要了；再者，移墾聚落變遷至現代化都市，民眾生活型態與空間感的改變，對保儀雙忠的傳統宗教信仰而言，也是一個嚴苛的考驗。因此，宗教信仰模式的轉型，與信仰圈的發展與變遷，一定是息息相關的。

〔註31〕林美容：〈由祭祀圈來看草屯鎮的地方組織〉，《中央研究院民族學研究所集刊》第六十二期（一九八七年五月），頁53～114。

〔註32〕屈尺地區與廣興地區的「迎尪公」遶境清鄉活動，即是保儀大夫與保儀尊王信仰圈（各地分靈、分香與結盟），獨特的信仰文化。

二、新店溪流域信仰圈在地化理論建構

臺灣的早期移民多數來自閩、粵，移民流動關係密切，在宗教信仰文化與常民文化傳遞上，「原鄉信仰」、「習俗流傳」與「生活適應」等因素，往往與在地的生活環境、民風習俗、信仰文化等方面，進行融合或調整，融入在地的需求、思想與生活智慧，所以也就產生「地方組織、信仰文化、祭祀圈、信仰圈」等等的「變異性」問題，也因此更彰顯出在地性文化、民間習俗及信仰文化的豐富性。

（一）新店溪流域移墾聚落多元族群的分布

綜合在地族群分布因素的研究結果，得知新店溪流域移墾聚落族群分布，在清朝康熙之前是平埔族、凱達格蘭族與泰雅族原住民生活的區域，至清朝乾隆之後，移墾漢人大量遷入，平原區域與部分山邊地區，已翻轉成漢人較多的狀況。福建泉州安溪族群多在新店溪中、下游東岸，屬於平原區；漳州族群與客家族群則在西岸，分布在靠近山區的平原一帶；平埔族、凱達格蘭族多以漢化融合，已難以再復見；泰雅族原住民則分布在新店溪上游的山地區域，形成自治區。

由新店溪流域移墾聚落多元族群的現象，可推知臺灣基層社會的族群關係，以及各族群集體意識的異同與變遷。客家族群與漳州族群的「共生現象」，直接印證新店溪流域移墾聚落族群的消長，泉州族群最終成為新店溪流域移墾聚落中，最具優勢的族群，其次為漳州族群與客家族群。泰雅族在「漢文化」強勢壓迫與融合之下，仍能保有生活地域與傳統文化，但平埔族（凱達格蘭族）則幾乎與漢人同化；再者，也間接證明祭祀圈擴展成信仰圈的過程，這也是本論文研究的一項重要成果。

（二）新店溪流域祭祀圈與信仰圈的組織型態

本論文中以「祭祀圈進展到信仰圈」的概念，來探究新店溪流域族群信仰關係的組織型態。新店溪流域移墾聚落祭祀圈與信仰圈的歷史沿革，印證了早期在地民間社會的自主性發展，是屬於庶民百姓的自發性組織，可完全自由發揮宗教或信仰的組織力，而不是靠官方行政體制的政策推動或實質幫助。

由新店溪流域移墾聚落各祭祀圈與信仰圈來印證，新店溪流域的地方社會基本組成，是以「聚落」為最小的地域單位，然後逐步擴大與發展，結合部分地方性與區域性的族群。祭祀圈雖然可以（可能）發展為信仰圈，但並

不是所有的信仰圈，都是由祭祀圈發展而來。在祭祀圈發展爲信仰圈的例子中，通常還會繼續保存祭祀圈的組織型態與內涵，畢竟地方性的信眾集體祭祀，是無法輕易被抹滅與消除的。只要配合跨區域性族群結合的需求，信仰圈也可能跳過祭祀圈而產生。

（三）新店溪流域祭祀圈與信仰圈的組織原則

在臺灣開拓史上，族群或血緣聚落的發展，是相當普遍常見的一種現象，在新店溪流域也不例外，有明顯同族群集居聚落的現象。屈尺岐山巖、廣興長福巖、碧潭太平宮、三城日興宮、萬華清水巖、三峽長福巖、芝山巖惠濟宮、基隆奠濟宮等寺廟，都是屬於族群寺廟與同信仰聚落，萬隆集應廟（林姓）、景美集應廟（高姓）、木柵集應廟（張姓），不但是族群寺廟與同信仰聚落，還是同姓與同血緣寺廟。

在地的同族群或同信仰的聚落居民，自然有「命運共同體」、「血濃於水」與「都是一家人」的情感作用，藉著傳統的宗教祭祀與信仰活動，有共同的背景與信仰當媒介，不但可以增進彼此的情誼，還可以減少各種衝突與化解糾紛，對於地方的和諧與社會的安定，具有很大的影響力。

（四）新店溪流域祭祀圈發展至信仰圈的變遷脈絡

本論文研究發現，新店溪流域的族群衝突，提供了移墾聚落信仰圈發展的契機。族群衝突雖然不是信仰圈形成的直接因果關係，但是族群衝突之後，跨聚落與跨區域的族群聚集，同質性更高，凝聚力也越強，這也是從祭祀圈發展至信仰圈的主要原因之一。從研究新店溪流域「原漢衝突」、「漳泉衝突」與「閩客結合」（漳州族群與客家族群），證實了以上的論點。

（五）新店溪流域信仰圈的在地化理論發展

「地理環境特質」、「開發歷史溯源」、「移墾聚落型態」、「聚落空間配置」、「信仰圈分布」與「在地慶典活動」，是在地化理論建構的基礎，也是實際活化應用相當重要的一環，因爲在不同的地區與不同的族群身上，往往會顯現有不同的地區文化特色，這些各具特色的地區文化，經由人們長期的交流融合，通常會形成另一股新的文化模式。基於在地化的理論建構，以及實際多元應用，本論文提供了新店溪流域更詳盡完備的文化資料，能於在地理論建構中，達到實際應用的目的，同時提高鄉土教育與在地文化的地位與價值。

本論文建構新店溪流域在地化理論，藉由豐富的歷史人文與信仰文化，進行實際多元應用的研究，內容呈現於本論文各章節，也提供未來接續研究的參考。其面向包括：1、在地信仰文化產業研究與發展。2、在地人文歷史研究發展與應用。3、在地遊學經營面向探討。4、在地特色文化課程發展與推動。5、結合各級學校在地鄉土教學。6、在地文創產業文化行銷與亮點營造。7、地方總體發展建議與參與式決定。

第二節　寺廟與信仰圈

一、新店溪流域寺廟分布與信仰圈的形成

新店溪流域「寺廟分布」是指寺廟在新店溪流域地理位置上的座落分布。本論文探討新店溪流域主要移墾聚落，包含新店安坑內、外五庄地區，以及中游屈尺與廣興地區，這些移墾聚落區域的寺廟密度都相當高，因論文研究主題為信仰圈，故特選擇這些區域內，最具地方特色及代表性的三大信仰圈——開漳聖王信仰圈、清水祖師信仰圈、保儀雙忠信仰圈，作為研究探討的標的。

本論文將以移墾聚落做為「地方性」與「區域性」的基本分界，地理行政範圍大於移墾聚落區域的地方，才進行信仰圈的探討。但定義地方性與區域性的區別，不能僅拘泥在移墾聚落地理範圍的大小。屬於地方性的祭祀活動，具有非主動性的「排他性」，不是地方聚落的居民，其實很少會參加，就像住民們只在自己聚落裡的土地公廟祭祀，而不會跑到鄰村聚落的土地公廟祭祀（指準備三牲四果的祭祀，而非路過時的雙手合十拜拜）；屬於區域性的宗教信仰活動，卻有非常大的包容性，幾乎是無限制的開放形式，主祀神祇寺廟所在聚落以外區域的信徒，都可以無條件、無限制的參與信仰活動，這就是祭祀圈與信仰圈的區別。

（一）寺廟分布與信仰圈形成

新店溪流域所涵蓋的地理區域相當遼闊，流域內四處可見各種寺廟，尤其是西岸的大安坑地區移墾聚落，以及由碧潭到屈尺的中游移墾聚落區域。移墾聚落是漢人社會生活模式，自給自足自成生活圈的最小單位〔註33〕，這

〔註33〕許嘉明：〈彰化平原福佬客的地域組織〉，《中央研究院民族學研究所集刊》第

些移墾聚落的住民，因為有各種信仰的需求，於是誕生各種寺廟，又因各式
寺廟林立，信仰者眾多，所以形成複雜多元的信仰圈。

　　屬於地方移墾聚落內的庄頭寺廟，會發展到跨聚落、跨區域、跨縣市，
甚至跨國界的信仰圈，可探討以下相關因素與原因：

1、寺廟歷史悠久與信眾遠播

　　因為寺廟歷史久遠，原聚落的人口增加，許多人遷移他處，開枝散葉發
展，在異地再形成信仰組織，將神祇信仰散播出去。若寺廟又能成為地理區
域或行政區域的信仰中心，則更有助於信仰圈的形成，這也是官方行政體系
能夠配合運作的地方。不過，即使將來行政中心重新劃分，也無法影響主要
神祇信仰圈的發展。例如：寺廟歷史悠久，建廟沿革始自嘉慶十一年（1806）
的大坪頂太平宮，信眾遠播他鄉，是新北市新店區的信仰中心；寺廟歷史始
自清朝嘉慶時期至道光二年（1822）的屈尺岐山巖與清同治二年（1863）的
廣興長福巖，是新店溪中上游的信仰中心；新店溪流域（泉州人群聚的移墾
聚落）的「迎尪公」刈火與遶境靖鄉活動，其歷史亦可追溯至清朝咸豐十年
（1860）間〔註34〕。

2、遶境靖鄉和刈火進香活動的累積

　　遶境靖鄉和刈火進香活動，導致寺廟與主祀神祇知名度的增加，以及「神
明會」的成立與優質經營，都是形成信仰圈的一個重要因素。因為這些跨區
域形式的信仰活動，能增加寺廟與主祀神祇的曝光率，且活動中不排除聚落
祭祀圈以外的信徒參與。例如：大坪頂太平宮、屈尺岐山巖與廣興長福巖的
進香與遶境活動，新店溪流域（泉州人群聚的移墾聚落）的「迎尪公」刈火
與遶境靖鄉活動。

3、清朝統治時期新店溪流域族群衝突

　　新店溪流域在清朝康熙之前是平埔族、凱達格蘭族與泰雅族原住民較多

　　三十六期（一九七五年十二月），頁 175。

〔註34〕清朝咸豐三年（1853）發生艋舺頂下郊拚事件，福建安溪大坪高、林、張
　　　　三姓移民，決議分家避禍，取出大坪集應廟奉請來臺的「尪公聖像、夫人
　　　　媽聖像、香爐」三聖物，拈鬮分配（抽籤決定），高氏抽到尪公聖像（景美
　　　　集應廟），林氏抽到夫人媽聖像（萬隆集應廟），張氏抽到香爐（木柵集應
　　　　廟），各自建廟奉祀。咸豐十年（1860）高氏在梘尾竹圍（今日景文街景美
　　　　國小南側）建廟，清穆宗同治六年（1867）遷於今日景美觀光夜市內的現
　　　　址。

的地區，至清朝乾隆之後，平原區域已成漢人較多的狀況。泉州人多在新店溪中、下游東岸，屬於平原區；漳州人則在西岸，分布在靠近山區的平原；平埔族、凱達格蘭族多已漢化；泰雅族原住民則分布上游的山地區域。在泉州族群、漳州族群與泰雅族原住民族群，分布區域確定的過程中，這些移墾臺灣的不同族群與在地原住民，幾度因墾地、水權、生存空間與經濟利益等原因，而引發族群衝突。

　　新店溪流域發生了非常多次的「原漢衝突」與「漳泉分類械鬥」，規模有大有小。例如：清朝統治時期咸豐三年（1853），分布在新店溪東岸的大坪林泉州族群，渡河襲擊了西岸安坑的漳州族群，還燒毀漳州人的信仰中心「太平宮」，並奪走祀奉的神像等，也因此目前太平宮所遺留保存的古物，只有清朝同治時期的「太平宮鎮宮三寶」〔註35〕；日本統治時期明治三十八年（1905），發生「屈尺事件」，烏來部落泰雅族原住民，出草屈尺龜山，屠殺獵首龜山電廠，共造成十數名日本人與漢人死傷。

　　這些悲慘的族群衝突，雖然最終沒有改變族群分布區域，但卻也造成新店溪流域的移墾先民，形成集居形的移墾聚落形態，並設置許多防衛設施，原、漢與漳、泉的區域分界，愈顯明顯。這種族群衝突，提供了移墾聚落寺廟信仰圈發展的契機。族群衝突雖然不是信仰圈形成的直接因果關係，但是族群衝突之後，跨聚落與跨區域的族群聚集，同質性更高，凝聚力也越強，這就是從祭祀圈發展至信仰圈的主要原因之一。

　　新店溪流域的信仰圈，不是只有漳、泉二州的住民，還有一些「福佬化」（河洛化）的客家人（「福佬客」）（河洛客、閩客），譬如新店安坑內五庄地區，以及新店溪中游的廣興地區。客家籍居民自清朝乾隆以來，在新店溪流域就是少數族群，很難與人口優勢的漳、泉族群競爭，因此多拓墾於距離平原區域更遠的山區邊緣，例如新店安坑四城、五城與三峽安坑地區，所以較少發生「閩客衝突」，但「原漢衝突」還是無法避免。

　　在新店溪流域族群競爭與消長的過程中，有一個頗值得深思的現象，就是客家籍拓墾先民〔註36〕，在族群生存互動關係中，是選擇依附新店溪西岸

〔註35〕新店安坑太平宮「鎮宮三寶」爲「供桌（書寫「大清同治八年己巳歲臘月吉日」，並刻有「漳浦」二字）、木匾與香爐」。

〔註36〕透過原鄉祖籍、民風習俗與語言狀況等方面觀察判斷，新店大安坑地區許多的居民皆爲客家後裔，包括內、外五庄都是如此，但是大多數皆已「福佬化」，所以又稱爲「福佬客」。

的漳州人，而不是東岸的泉州人，連最初到新店溪中游廣興拓墾的客家籍先
民，後來也漸漸離開泉州籍人數較多的廣興地區，這確實是一個值得深入探
究的族群發展問題〔註37〕。

　　上述客家籍拓墾先民依附漳州人，而不是選擇泉州人的問題，研究者根
據相關研究資料，以及田野調查訪談結果，初步分析探究，研判原因有四：

　　（1）當初新店溪流域的族群形式，泉州人的人口數與勢力都大於漳州
人、客家人與泰雅族原住民，因此漳州族群與客家族群都是相對弱勢的對象，
因而自然依附團結起來，有一種軍事統戰上「聯合次要敵人，打擊主要敵人」
的意味。

　　（2）一般客家人的民間信仰包含「女媧娘娘（天穿日）、伯公（土地公）、
三官大帝、五穀大帝（神農大帝、神農氏）、觀音娘（觀音菩薩）、關聖帝君」
等。新店安坑雙城潤濟宮即是主祀「三官大帝」，另外還附祀「五穀先帝、神
農氏、觀音菩薩、九天道祖及王天君二大護法」等，完全照顧到了安坑內五
庄的漳州族群與客家族群。再者，三官大帝的信仰，因為崇高無上的神格，
本身就具有和諧族群關係的作用，是閩南族群、客家族群與平埔族原住民都
接受崇祀的信仰。〔註38〕

　　（3）客家人從原鄉移祀的神祇信仰包括「三山國王〔註39〕、開漳聖王〔註40〕

〔註37〕臺灣客家人的民俗與信仰多源自於大陸原鄉，但在遷徙之後，也會融入當
　　　　地的風俗與信仰。淡水河流域的客裔族群，除了清朝統治時期移墾的漳州
　　　　與汀洲客裔後代之外，就是日本統治時期，從臺灣各地客家聚落遷入的二
　　　　次移民。

〔註38〕田金昌：《臺灣三官大帝信仰——以桃園地區為中心（1683～1945）》（桃園：
　　　　國立中央大學歷史研究所碩士在職專班碩士論文，二○○五年六月），頁 1、
　　　　132～145。「三官大帝的神格崇高，臺灣地區「三官」信仰頗為普遍，常在一
　　　　些具規模的寺廟中見其受到的同祀，不過主祀『三官大帝』的廟宇並不多，
　　　　僅一百二十間，且南桃園客家地區便佔了二十一座，這種特殊的分布現象則
　　　　被解釋為三官大帝的信仰具有民族關係和諧的作用，蓋其崇高神格是平埔原
　　　　住民、以及閩、客族群都能接受崇奉的。」

〔註39〕「三山國王」信仰起源於山川靈石自然崇拜，「三山」是指「明山」、「巾山」
　　　　和「獨山」三座山。宋朝時「三山國王」信仰轉化為「擬人化」的神祇崇拜，
　　　　後來又受到《三國演義》的影響，民間習俗傳說隨意轉變，遂模仿劉、關、
　　　　張桃園三結義的忠義表徵，大國王成劉備白面書生臉，二國王成關羽紅臉，
　　　　三國王成張飛黑臉（後又因戰功加刀痕成花臉）。

〔註40〕開漳聖王的信仰分布，除了福建南部漳州以及廣東東部潮州、汕頭等地區外，
　　　　臺灣、香港、東南亞等地，都有漳州籍移民開漳聖王信仰圈。

、定光古佛〔註41〕、民主公王〔註42〕」等。〔註43〕開漳聖王陳元光是盛唐時期，中原士族南下的共同始祖，在漳州府七縣一廳，不分閩、客聚落，都有開漳聖王「威惠廟」。〔註44〕由此可知，無論是閩南人還是客家人，都認同先祖源自中原地區，並崇祀信仰開漳聖王。因此，客家籍拓墾先民依附安坑地區的漳州族群，自然成為開漳聖王信仰區的成員。在安坑外五庄的下城、安溪寮都有客家堂號聚落，內五庄的三城、四城、五城與三峽安坑地區，客家堂號聚落與寺廟則更多。

（4）日興宮主祀「謝府元帥」，配祀「開漳聖王」與「關聖帝君」。謝府元帥是歷史上「淝水之戰」的晉朝名將謝玄，於清朝嘉慶時期，由廖姓客籍移民從原鄉迎奉來臺。因為謝府元帥為「陳郡謝氏」〔註45〕，屬中原士族，故為客家籍的先祖。開漳聖王與關聖帝君則同是漳州群與客家族群的守護神，因此，安坑內五張三城地區也就是漳州人與客家人混居的移墾聚落〔註46〕。由三城經四城、五城，一直向西南延伸至三峽安坑地區，還可見到最典型的客家族群寺廟「三山國王廟」。

4、有關神祇的信仰傳說與故事傳播（文化行銷）

在研究者進行多年的田野調查期間，常聽到有關移墾聚落信仰神祇的靈異傳說，例如「雙溪口民壯亭故事、屈尺清水祖師顯靈賜名故事、屈尺廣興

〔註41〕 「定光古佛」又稱「定光佛」、「定公古佛」，常見傳說有二：一是佛教神祇，過去世的佛陀；二是指唐末五代末與宋時期，泉州同安人「鄭自嚴」，十一歲時在汀州出家，命終坐化成肉身菩薩，閩西汀州等地的百姓崇祀為「定光古佛」，成為當地重要的信仰神祇。

〔註42〕 民主公王」又稱「民主公」、「民主千歲」，主要信仰分布於閩西汀州的連城與永定兩個客家縣，以及漳州南靖縣西部的客家地區，在臺灣只祀奉於少數廟宇、宗祠。

〔註43〕 參閱新北市政府客家事務局：〈客家原鄉移祀的神祇信仰〉，《新北市客家民俗信仰館》（二〇一七年三月），網址：http://www.hakka-beliefs.ntpc.gov.tw/files/11-1001-404.php

〔註44〕 吳進喜：〈開漳聖王信仰在臺灣的傳播〉，《二〇一〇年固始與閩台淵源關係研討會論文集》（二〇一〇年三月），頁83。

〔註45〕 「陳郡謝氏」是一個以「陳郡」為郡望的謝氏士族，與「琅邪王氏」、「潁川庾氏」及「太原王氏」同為東晉的鼎盛士族、最高門第，且常與琅邪王氏並稱為「王謝」。陳郡謝氏的主要功績，為謝安、謝玄領導北府兵，於淝水之戰以少勝多，打敗了前秦苻堅，保全東晉江山。

〔註46〕 新店溪流域有一些「福佬客」（「河洛、鶴佬、貉獠、賀佬」）的族群，在新店安坑三城、四城與五城地區，還有「客家文物館」和許多「堂號家族」。

鄰村兄弟情傳說、廣興落鼻祖師顯靈故事（『廣興魔鬼』）、長福巖『鎮廟之寶』故事、新店安坑漳泉族群衝突故事、太平宮高麗狗傳說、雙城原漢族群衝突故事、潤濟宮卜卦命名故事、祈禱必驗傳說」等等。這些各聚落神祇靈驗的傳說，彰顯寺廟的特殊性及神祇的靈異性，會藉由當地住民、各地信眾與各種集體活動不斷的傳播，無形之中更加強化信徒們對神祇的信仰，也使得信仰圈能夠持續發展下去。臺灣許多具全國知名度的傳統寺廟，都有專屬寺廟或主要神祇的傳說，這也成為寺廟信仰圈經營，不可或缺的「文化行銷」模式之一。

　　碧潭西岸開漳聖王信仰文化、屈尺與廣興清水祖師信仰文化、文山地區保儀雙忠信仰文化〔註47〕、以及新店溪中游「迎尪公」遶境靖鄉活動，都是移墾聚落祭祀圈發展成信仰圈的例子。展望這些潛藏的文化資源、獨特的地方習俗、信仰與慶典活動的未來，若能結合信仰圈的良性發展，加強文化行銷，並融入國家或地方政府的文教建設，必能對地方信仰文化，產生正向的作用，並對傳統習俗的重新詮釋、多元文化的學習、人文藝術美學的啟發，以及鄉土文史教學的推廣，有所助益。

（二）新店溪中游寺廟分布與信仰圈的形成

　　清朝康、雍、乾時期，福建泉州安溪先民渡海來臺，沿著淡水河進入大臺北盆地，溯溪而上於拓墾地區落籍，並興建原鄉信仰的清水祖師廟。臺灣北部以淡水清水祖師廟清水巖（又稱淡水祖師廟）、艋舺清水巖祖師廟（俗稱「艋舺祖師廟」）、和三峽清水祖師廟長福巖（舊稱「三角湧長福巖」，現今通稱「三峽祖師廟」）最為有名〔註48〕，合稱「臺北地區三大祖師廟」〔註49〕，分別位於淡水河下游（淡水）、中游（艋舺）與上游（三峽）。由寺廟的分布與沿革，即可探知先民遷移的路線與時間點。

　　新店溪中游的屈尺清水祖師廟岐山巖，分靈（分香）自臺北艋舺清水巖祖師廟；廣興清水祖師廟長福巖，則分靈（分香）自三峽清水祖師廟長福巖，而且還與分靈祖廟同名。屈尺與廣興兩個移墾聚落，分別座落新店溪中游東、西兩岸，雖然只隔新店溪互相對望，但清水祖師廟卻是分靈來自不同地

〔註47〕文山地區保儀雙忠信仰屬於「分靈、分香與結盟」形式。
〔註48〕三峽祖師廟網頁簡介資料。網址：http://szt3d.ntpu.edu.tw/taipei/a/a1/a1.htm
〔註49〕「臺北地區三大祖師廟」再加入「瑞芳祖師廟」，則稱為「大臺北四大祖師廟」。

方。由寺廟地理位置分布，即可得知屈尺與廣興移墾先民是由不同的路線遷移而來。

屈尺地區四周山巒綿延，爲濃密山林阻絕，形成一處獨立的地理區域。拓墾時期，屈尺地區對外交通只能靠流經西側的新店溪，以及沿著河流地形開墾出來的步道，昔日拓墾先民遠至屈尺地區落籍，就是沿著淡水河與新店溪一路上溯，經淡水河中游的艋舺港口，再經新店溪下游古亭、萬隆、景美、大坪林，來到中游的屈尺。所以屈尺清水祖師廟岐山巖，分靈（分香）自臺北艋舺清水巖祖師廟，自然可印證岐山巖地理分布的原因，以及清水祖師信仰圈形成的歷史因素。

廣興地區背山面水，後有柴刀崙山佇立，右有二龍山脈綿延，前則是新店溪環繞，左側則是狹長的平廣溪流域，翻山越嶺後，即可與大漢溪流域的三峽地區相連接。拓墾時期，廣興地區對外交通有二，一是由新店溪順流至新店，二是經平廣地區至三峽。最初廣興拓墾先民，就是走「三峽——白雞——平廣」路線來到廣興地區。所以廣興清水祖師廟長福巖，則分靈（分香）自三峽清水祖師廟長福巖，也是可印證長福巖地理分布的原因，以及清水祖師信仰圈形成的歷史因素。

新店溪中游寺廟分布與信仰圈的形成，除了以屈尺岐山巖與廣興長福巖爲中心，所形成的清水祖師信仰圈之外，還有新店溪流域（大文山地區的景美、木柵、深坑、石碇、新店等區）的保儀雙忠信仰圈（保儀大夫與保儀尊王信仰文化）。

新店溪流域的保儀雙忠信仰，主要寺廟爲「萬隆集應廟」、「景美集應廟」、「木柵集應廟」與「木柵忠順廟」，信仰的主要族群爲泉州籍，從主要集應廟分靈（分香）自福建泉州安溪大坪的集應廟，即能得知。屈尺與廣興的「迎尪公」遶境靖鄉活動，即是保儀大夫與保儀尊王分靈、分香與結盟的信仰文化，雖然屈尺與廣興並未有「集應廟」或「忠順廟」，但是屈尺岐山巖與廣興長福巖皆有配祀保儀大夫與保儀尊王，且奉祀在最尊的左殿。

圖二十一、新店溪中游主要寺廟位置分布示意圖〔註50〕

〔註50〕參考引用 Google 地圖，搜尋日期：二○一七年四月十二日，網址：https://www.
google.com.tw/maps/@24.9454512,121.5236577,8949m/data=!3m1!1e3?hl=zh-TW

圖中主要寺廟位置編號說明：

1、自上游至下游排列：①廣興長福巖　②屈尺岐山巖　③塗潭福德宮　④直潭福德
　　宮　⑤灣潭海會寺　⑥青潭南青宮　⑦青潭慈音巖　⑧碧潭開天宮　⑨新店廣明
　　禪寺　⑩小粗坑福德宮。

2、①廣興長福巖位於新店溪左岸；②屈尺岐山巖位於位於新店溪右岸；③塗潭福德
　　宮位於新店溪左岸；④直潭福德宮位於位於新店溪右岸；⑤灣潭海會寺位於位於
　　新店溪左岸；⑥青潭南青宮主祀朱府王爺；⑦青潭大香山慈音巖（一貫道）；⑧碧
　　潭開天宮主祀盤古帝王；⑨新店廣明禪寺主祀釋迦牟尼佛；⑩小粗坑福德宮位於
　　新店溪右岸。

（三）安坑地區寺廟分布與信仰圈的形成

　　新店安坑地區的地理形式可分成二部分，一是溪流山谷與狹長河階，二
是鄰河靠山的平坦原野與小丘陵地。地理區塊複雜且分離，所以發展出位於
各個不同地理區域，數量眾多但多屬中小型的移墾聚落。自東邊的永豐圳（安
坑圳）上游至西邊的下游分布，有「大坪頂、頂城、下城、安溪寮、十四份」
等移墾聚落；由五重溪（安坑溪）下游往上游方向分布，有「外挖仔、內挖
仔、柴埕、公館崙、車子路、薏仁坑、大茅埔、頭城、二城（雙城）、三城、
四城與五城等移墾聚落，其中除了「安溪寮」之外，都是屬於傳統漳州族群
的區域，形成移墾聚落信仰圈。上述的每一處移墾聚落，幾乎都有專屬自己
聚落的土地公廟，由此可探究分析土地公廟的分布情形，以及了解福德正神
祭祀圈與信仰圈的關係〔註51〕。新店安坑地區的每一個聚落，無論地理區域
大小，都是一個獨立的福德正神祭祀圈，而整個大安坑地區，就是一個整合
的福德正神信仰圈。

　　安坑外五庄與內五庄地區，各有一座開漳聖王廟，位於永豐圳（安坑圳）
最上游的大平頂太平宮，主祀開漳聖王，位於五重溪（安坑溪）中游的三城
日興宮，主祀謝府元帥（謝玄），配祀開漳聖王，這兩座大廟的漳州祖籍文化
色彩都很明顯。由地理位置一東一西的分布，就可得知新店大安坑地區，是
典型的漳州移民地區，祖籍神祇為開漳聖王，屬於開漳聖王信仰圈的範圍，
信仰圈範圍由新店溪西岸，延伸至五城山區一帶。所以由以上論述可得知，
新店安坑地區，是開漳聖王信仰圈與福德正神信仰圈的重疊地區。

〔註51〕新店安坑地區寺廟數量繁多，「土地廟群」和「有應公廟（萬應公、萬善爺、
　　　　萬善堂、百姓公、百姓爺、大墓公、大眾爺」），平均大約二百五十公尺就有
　　　　一間，密度比率相當高。

圖二十二、新店安坑地區主要寺廟位置分布示意圖〔註52〕

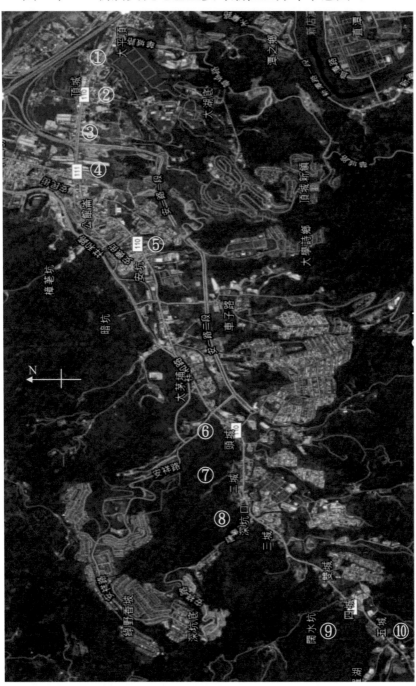

〔註52〕參考引用 Google 地圖，搜尋日期：二〇一七年四月十二日，網址：https://www.
google.com.tw/maps/@24.9454512,121.5236577,8949m/data=!3m1!1e3?hl=zh-TW

圖中主要寺廟位置編號說明：

1、①大坪頂太平宮　②頂城福德宮　③下城咸福宮　④公館崙福德宮（伯公廟）⑤
車子路福德宮　⑥頭城福德宮　⑦雙城潤濟宮　⑧三城日興宮　⑨四城福德山宮
⑩五城明修宮

2、「①大坪頂太平宮　②頂城福德宮　③下城咸福宮　④公館崙福德宮（伯公廟）」
為過去的安坑外五庄地區；「⑤車子路福德宮　⑥頭城福德宮　⑦雙城潤濟宮　⑧
三城日興宮　⑨四城福德山宮　⑩五城明修宮」為過去的安坑內五庄地區。

　　這些安坑地區的移墾聚落，從新店溪畔平原地形，往安坑山區呈線狀分
布。從這些移墾聚落與寺廟的分布情形，可分析出清朝時期，先民拓墾安坑
地區的時間順序，也可推測當年拓墾時，受到在地泰雅族原住民抵抗的情形
〔註53〕。從安坑外五庄的大坪頂、頂城、下城，一直至安坑內五庄的五城，
一路上有好多的「大墓公」、「有應公」、「百姓爺」、「萬善爺」、「萬應公」、「萬
善堂」，這些大、小寺廟分布的情形、漢原族群的衝突，以及與神祇信仰有
關的傳說，影響到地方歷史的解釋，也關係到地方事務的發展，也促使安坑
地區信仰圈的形成。

二、新店溪流域信仰圈的影響與發展

　　臺灣寺廟類型繁多，依祭祀性質可區分為「官廟、宮廟、佛寺、道觀、
族群廟和自然神格廟」等。官廟包含「文廟、武廟」〔註54〕；宮廟是指一般
的傳統民間信仰廟宇〔註55〕；佛寺是指佛教寺院；族群廟是指泉州族群、漳
州族群、客家族群或其他族群奉祀的神祇廟宇〔註56〕；自然神格廟是指自然
界中，與「天、地、山、川、風、雨、雷、電、樹、石」等非生命體的神格
化神祇廟宇〔註57〕。這些多元的廟宇，依據族群移墾聚落的地理形勢分布，

〔註53〕由安坑地區許多地名有「城」字，即可得知當初防禦盜匪侵襲的情形。目前
這些移墾聚落還留存一小部分的防位地形與刺竹林叢，見證先民的拓墾歷史
與族群衝突。

〔註54〕官廟為官府所建置。目前臺灣地區文廟奉祀至聖先師孔老夫子，武廟奉祀關
聖帝君。

〔註55〕傳統民間信仰廟宇包含：屬於人鬼類的姑娘廟、十八王公廟、有應公廟和大
眾廟；屬於傳說類的大聖廟以及屬於動物類的虎爺廟等。

〔註56〕族群廟包含：泉州族群的清水祖師廟、雙忠廟、保生大帝廟、廣澤尊王廟等；
漳州族群的開漳聖王廟；客家族群的三山國王廟、義民廟等。還有不分族群
的天公廟、關聖廟、三官大帝廟等。

〔註57〕自然神格廟包含：植物類的大樹公廟與礦物類石頭公廟等。

也根據聚落住民的信仰需求配置，形成移墾聚落的祭祀圈，或是跨區域的信仰圈，存在臺灣民間信仰歷史的發展脈絡中，對於過去拓墾先民的生活型態與社會發展，具有相當關鍵性的影響力。

「街頭巷尾土地公，有港就有天后宮。」〔註58〕在臺灣幾乎所有的鄉鎮市區，以及移墾聚落，都見得到土地公廟，新店溪流域福德正神信仰圈也不列外，是不分族群的跨區域共同信仰。土地公廟（福德宮）是「社稷神祇信仰」，原應屬於自然神格廟，但歷經時空變遷，已擬人化與神格化，成為人物神祇。

探究新店溪流域廟宇分布與信仰圈範圍，祭祀圈與信仰圈是兩種不同的概念，分指二種不同範圍的地域性宗教型態或活動。祭祀圈是屬於聚落性的多神祭祀形態，聚落內居民偏向義務性的共同參與；信仰圈是跨區域性的一神信仰，偏向由信眾志願性的組織與參與而形成。因此，可以大致解釋說明，信仰圈內可以包含許多不同祭祀層次，以及規模大小不一的祭祀圈，而祭祀圈則無法含納任何的信仰圈。

新店溪流域的土地公廟有數十座，在所有的移墾聚落中，幾乎都有至少一座以上的土地公廟，形成各個移墾聚落的福德正神祭祀圈。但因為福德正神是不分族群的共同信仰，跨區域的大信仰圈很自然的就順勢形成，所以在新店溪流域，福德正神祭祀圈，對內凝聚了移墾聚落中居民的向心力；福德正神信仰圈，則對外團結、和諧了各聚落間的互動與合作。因此，福德正神信仰圈，影響了拓墾先民的生活形式，以及移墾聚落的發展方向，更成為聚落擴展與社會化過程中，一股穩定紮實的無形力量。

臺灣各地還有因拓墾先民祖籍不同，而有不一樣的原鄉神祇信仰。例如，新店溪流域分布著閩南漳、泉族群與客家族群，因而有漳州族群與客家族群的開漳聖王信仰圈，泉州族群的清水祖師信仰圈與保儀雙忠信仰圈。這些分布在新店溪流域不同屬性的寺廟，因祭祀圈的擴張，以及信眾的虔誠與熱烈參與，因此形成主要神祇信仰圈，影響力已無法侷限在有限的移墾聚落範圍內。這些泉州族群、漳州族群、客家族群或其他族群奉祀的族群神祇廟宇，發展過程中，分別具有不同族群與地域的代表性，也彰顯各族群人文精

〔註58〕土地公廟（福德宮）是全臺灣分布最廣的寺廟，天后宮則是各海港、河港都有的寺廟。大陸原鄉來的神祇媽祖，也會在地化和本土化，例如：「天上聖母」在明鄭之前，在大陸稱為「天妃」，後來在臺灣則升級尊稱「天后」，原來是航海的守護神，如今則延伸成為生活一切的守護神。

神的象徵，對於新店溪流域信仰圈的研究，也有相當的價值與正面意義。

新店溪流域如同臺灣早期各地區開發時，有許多歷史悠久的移墾聚落，以及與豐富的人文生態，在信仰圈分布、歷史特質、常民文化、文化教育方面，皆具歷史發展代表性。新店溪流域信仰圈內的寺廟慶典、祭祀禮儀、信仰文化與文教活動，一方面頌德神明，一方面也惕勵自勉，更進而教育子孫，教化人心。此外，這些事物也直接或間接的影響人們的生活型態，以及對生活的態度與期待，甚至影響價值觀與人生觀，最終表現在學識、德行、事業與功名等方面的追求。

新店溪流域不同信仰圈內的地方歷史故事與神祇傳說，不但具有豐富內涵，還有深層的社會意義。透過信仰圈的研究，分析其中的文化意涵，瞭解地方情感，以及先民的思想傳承。新店溪流域信仰圈的影響與發展，無論是在移墾聚落的文化教育傳承、地方歷史研究、文化資產保存或是鄉土特色文化行銷，都具有相當重要的角色與功能。

就以文化資產保存為例，研究者長期進行新店溪流域移墾聚落信仰圈文化研究，研究期間屢屢遇到難以釋懷的感嘆，例如：新店溪上游的舊龜山電廠（臺灣第一座發電廠），於民國 101 年倒塌損毀，只剩部分牆基可供憑憶；烏來老街、龜山地區、廣興地區與屈尺地區，因民國 105 年的蘇迪勒與杜鵑風災〔註 59〕，損失異常慘重，許多遺跡因而毀損，許多地形地貌因而改變；屈尺歧山巖舊廟翻新擴建〔註 60〕；「屈尺古道」荒廢待修；「屈尺道碣」歷經「烤、抹、鑿」如今只剩殘跡〔註 61〕；「小補碑」隨其任意風化〔註 62〕；獅仔頭山戰俘營遺址持續荒廢；隘勇線殘段重整未果；瑠公圳整治持續延宕；新店大坪林十四張文化資產「劉氏利記公厝」和「劉氏家廟（啟文堂）」，已因興建大坪林捷運線而拆除〔註 63〕；大坪林就五庄移墾聚落區，也已因土地重

〔註 59〕 據龜山與廣興當地耆老表示，這是「八十年來」最大的洪水與土石流，從出生以來未曾見過。烏來老街全毀，龜山國小地區全部淹沒，廣興一片汪洋，平廣山崩路段，屈尺河床大量土石淤積。

〔註 60〕 原來以磚石砌建的古樸樣貌已不復見。

〔註 61〕「屈尺道碣」是石刻古碑，因是日本統治的遺留物，所以歷經了火烤、灰抹和鑿毀等破壞，現在只能看能殘跡。

〔註 62〕「小補碑」是大正五年（1916）臺北市大稻埕泰昌號捐修養源堂佛寺道路的紀念碑，位於屈尺古道路口，「養源堂」的牌樓下。

〔註 63〕「劉氏利記公厝」和「劉氏家廟（啟文堂）」已於民國一○三年拆除。整片大坪林五庄移墾聚落，也已因都市計畫土地重劃而全部移平，重新改建社會住宅。

劃而消失殆盡。雖然各地歷史文物古蹟與建物，有些部分已來不及挽回，但許多移墾聚落還有地方歷史、信仰文化、民間文學、生活習俗與多元教育等資源存藏其間，這些都是地方歷史與鄉土人文的一部分，更是地方聚落情感與先民智慧永遠的傳承。

　　新店溪流域移墾聚落與信仰圈的研究，闡述了信仰圈的影響力與發展潛能，這對在地文化的認同，以及鄉土教學的應用，也有可以著墨的地方。近幾年鄉土意識抬頭，提倡「回歸教育本質」與「鄉土關懷」，推行「在地教育、在地教養、在地就業、在地樂活」等政策，這是現代教育走向國際化、多元化之後，對教育本質、教育價值與教育目的的一種省思，也是對自我認同的覺醒。

　　信仰圈與寺廟文化，蘊藏地方歷史文化的傳承功能和價值，對移墾聚落的教化、民心的安定，以及人格教育的陶冶，都有很好的效能，而信仰圈的特色與價值，以及寺廟活動本身具備的文史內涵，對於地方宗教事務與信仰文化的傳承，也具有相當大的貢獻。本論文研究探析新店溪流域移墾聚落信仰圈的意義與價值，塑造出新店溪流域的獨特性，凸顯其在地主體結構，期望能從新店溪流域移墾聚落的信仰圈研究出發，對地方文史、產業發展與教育工作做出貢獻。再者，也希望能提升讀者對傳統寺廟文化的重視，同時能將研究成果運用到信仰行銷、文化創新、文學欣賞、鄉土關懷與鄉土教育上。

第三節　信仰圈之分布

一、清水祖師信仰圈

（一）清水祖師

　　「清水祖師」降世於北宋仁宗慶曆七年（1047），俗名陳昭應（1047～1101），法號「普足」，俗稱「老祖」、「祖師公」、「烏面祖師」、「烏面祖師公」與「落鼻祖師」，福建永春小岵鄉人，是北宋時期福建泉州安溪的高僧。宋朝時期的福建地區，佛教興盛，有「閩中塔廟之盛甲於天下」與「山路逢人半是僧」的說法。

　　宋神宗元豐六年（1083），清水祖師被請到安溪求雨成功，後遂定居傳法於安溪，並在「張巖」建蓋草庵修道，又因張巖「清泉不竭」，便將張巖更名為「清水巖」，所以後世奉祀清水祖師的寺廟，多命名為「清水巖」，例

如：「艋舺清水巖、淡水清水巖、屈尺雙溪口下文山清水巖」等。其他非取名「清水巖」的清水祖師廟，廟名內也常會有「巖」字，例如：「三峽長福巖、景美萬慶巖、屈尺岐山巖、廣興長福巖」。

宋徽宗建中靖國元年（1101），清水祖師圓寂於清水巖，原屬於佛教禪宗的清水祖師信仰，逐漸「民間化」與「道教化」，被安溪人尊奉爲護佑神祇。農曆正月初六爲清水祖師聖誕千秋，五月初六爲得道日，全臺各地清水祖師廟常以「神豬」與三牲祭拜清水祖師，以表示特別的崇敬。〔註64〕

福建泉州安溪人多以農耕與種茶爲業，因此，清水祖師被視爲農作物與「安溪鐵觀音」的守護神。這種守護神的護佑神威，還可套用在許多安溪人信奉的神祇上，例如：「保儀大夫、保儀尊王、法主眞君」等〔註65〕，這些神祇全部都被視爲，具有保護農作物種植的神能，能夠求雨、驅蟲、防病，每禱必應，護佑五穀豐登。

清水祖師一生熱心公益，著名事績爲「造橋、施藥、求雨」〔註66〕。清水祖師號召募捐布施，造橋鋪路〔註67〕，並且醫道高明，施藥救助人民。安溪先民感念清水祖師，故加以奉祀，清水祖師也成爲安溪聚落住民信仰中，最虔誠祭拜的地方神祇。歷朝歷代朝廷屢屢賜封。封號依序如下：「昭應大師」、「昭應慈濟大師」、「昭應廣惠慈濟大師」與「昭應廣惠慈濟善利大師」。

清水祖師有許多神奇傳說，例如：「烏面祖師」〔註68〕、「落鼻祖師」〔註69〕、「眞眞人」〔註70〕、「岩洞出米」〔註71〕。關於「岩洞出米」還有以下

〔註64〕三峽祖師廟表示：「祖師公喫素，不喫豬肉。」神豬祭典原非祭祀清水祖師，而是除夕殺神豬拜山靈（或山神），以求拓墾平安的習俗，後因正月初六是清水祖師誕辰，便將二個祭祀活動合併舉辦。

〔註65〕「法主眞君」意指法術高強的神明，俗稱「法主公」，客家族群稱爲「法師公、張法主、張聖君、張聖者」。福建福州、泉州、漳州與廣東潮州、梅州等地爲「法主公信仰圈」。17世紀經泉州安溪拓墾先民與茶商傳入臺灣，於大臺北地區安溪族群集居處盛行。

〔註66〕清水祖師於永春造橋鋪路，勸造數十座橋樑，到了安溪又繼續募捐修造橋樑；救人一命，勝造七級浮屠，清水祖師施藥活人，在瘴癘盛行的閩南救治黎民百姓；清水祖師屢次祈禱求雨，降下甘霖，被視爲神蹟，清水祖師也因此被賦予靈驗神力。

〔註67〕一生興建過幾十座橋樑。

〔註68〕傳說清水祖師修道清水巖，與四個山鬼鬥法，最終四個山鬼成爲清水祖師的護法，但是清水祖師的臉也因此被燻黑。

〔註69〕傳說只要有天災或人禍，清水祖師神像的鼻子或下巴就會掉落，以向信眾示警，因此被稱爲「落鼻祖師」或「落鼻祖」。落鼻祖師傳說出現在許多童話故

的傳說：清水祖師建造「清水巖」時，白米自動出現；顯應祖師建造「泰山巖」時，磚瓦自動出現；惠應祖師建造「泰湖巖」時，木材自動出現。這三個傳說被視為「清水祖師、顯應祖師與惠應祖師的三大神蹟」。在新店廣興長福巖，還有清水祖師下顎被泰雅族原住民砍下，而後再修復黏上，因此又名「落顎祖師」的傳說。〔註72〕

（二）新店屈尺岐山巖

「屈尺清水祖師廟岐山巖」位於新北新店區屈尺里〔註73〕的「城仔」〔註74〕，這個地點是屈尺移墾聚落中，相對地勢位置較高的地方，形成一座「守護城」，能防禦盜匪侵擾，與對岸的「廣興清水祖師廟長福巖」地理形式相似（請參閱「圖二十一、新店溪中游主要寺廟位置分布示意圖」）。屈尺岐山巖就建置在當地民房屋舍旁，寺廟主體結構與房舍比鄰而建，在空間意義上，展現清水祖師的親民愛民風範。屈尺岐山巖是當地居民最主要的信仰中心，屈尺移墾聚落所有的廟會慶典與地方民俗活動，都是以岐山巖為核心。屈尺圖書館、閱讀中心與社區活動中心也在廟旁，廟內右側（虎邊）有通道直接相連結，可知當地族群的學習活動與休憩，與岐山巖息息相關。

屈尺岐山巖主祀「清水祖師」，配祀「保儀雙忠」，當地耆老都俗稱清水祖師為「祖師公」、「烏面祖師公」或更顯暱稱的「老祖」，俗稱保儀雙忠為「尫公」或「翁公」。屈尺岐山巖的鎮殿神像是自「艋舺清水祖師廟清水巖」分靈（分香）而來。依據「拓建屈尺岐山巖清水祖師廟記」中的記載：

> 民國十二年（1923年）癸亥仲秋，弟子王德福、林泗溪、周呆九、劉木生、翁海水、劉文通、張金英、劉三木等，有感廟壇簡陋金身未造，倡募同志輸財出力，一面鳩工備材，擴建壇寺。適時祖師真神，顯靈出乩，賜名「屈尺岐山岩清水祖師廟」，廟名遂定。一

事本中，使得落鼻祖師充滿神秘性與趣味性。
〔註70〕傳說南宋時，泉州知府真德秀為感謝神恩，於是在祖師廟「真人」的匾額上，添上一個「真」字，成為「真真人」，讚揚清水祖師是「真人」中的「真人」。
〔註71〕「岩洞出米」的傳說是在「張巖」修建寺廟時，清水祖師持錫杖往地上一敲，立刻「清泉不竭」，所以稱為「清水巖」；之後清水祖師又以錫杖打破岩壁，從岩壁中流出許多白米。
〔註72〕參閱陳鵬文：《新店鎮與長福清水祖師略傳》。
〔註73〕「岐山巖」常寫成「岐山岩」。「巖」通「岩」。
〔註74〕屈尺岐山巖清水祖師廟附近的移墾聚落區域，當地住民稱為「城仔」，拓墾時期曾有刺竹林叢、石、土牆等防禦性設施。

面至萬華禮聘唐山雕刻神像，名師恭雕祖師金身。翌年十月，金身
就新廟成。其後爲健全廟務，增建廟貌莊嚴，曾多所修護。〔註75〕

清朝統治時期道光四年（1824），拓墾先民至屈尺開墾，將隨身清水祖師香火
奉於茅屋設案祭拜。日本統治時期明治元年（1862），由艋舺清水祖師廟清水
巖分靈（分香），砌石建廟祭祀。民國十二年屈尺清水祖師「顯靈」（「顯聖」），
賜名「屈尺岐山岩（巖）清水祖師廟」〔註76〕，後經地方頭人、士紳與信眾
集資輸財，新建大廟，殿內奉祀「鎮殿清水祖師爺、保儀大夫（『張巡』，白
面文身，迎奉自木柵忠順廟）、保儀尊王（『張巡』，黑面武身，迎奉自景美集
應廟）、開廟老祖（楊道與周明禪師）、關聖帝君、關平、周倉、協天大帝、
純陽祖師、文昌帝君、觀音菩薩、福德正神、西秦王爺、中壇元帥與太歲星
君」等諸神明。自民國十四年至民國六十四年共五十一年間，屈尺岐山巖共
經三次較大規模的修繕，民國六十九年增建拜堂左右廂房，並於民國七十四
年再增建後殿完成。

再根據「拓建屈尺岐山巖清水祖師廟記」的記載：

一九六五年乙巳十月由管理主任委員王家齊、委員林永勝、許
泉、林再傳、林錦文、周錦和、蘇成吉、張中山、劉添丁等，建議
重修，于翌年祖師誕辰竣工。一九八〇年庚申四月，管理主委王家
齊，宣導配合屈尺社區建設，增建拜堂左右廂房，並撥廟款購地獻
建社區活動中心。繼獻地善舉後，翌年辛酉五月，主委王家齊，委
員林再傳、林錦文、周錦和、劉宗文、王金能、林世宏、張賜福、
唐天珍、林泳沂、王進福、張源宗、王良和、翁良孝、陳武雄、唐
永勝、陳卿等發起擴大廟殿規模，募款購地興建後殿三十六坪，精
構細築，曆四寒暑。一九八五年乙丑月，始告落成。〔註77〕

屈尺岐山巖經歷數次修繕與增建，期間所有管理主任委員與委員們，齊心共
成，最後還購地獻建屈尺社區活動中心，再募款購地增建後殿三十六坪及廟
後花園，歷時四個春秋，於民國七十四年宣告落成。民國八十七年管理委員
會鑑於前殿樑柱腐朽，恐危及信眾安全，經清水祖師聖示，以及信徒大會決
議，寺廟全面重建。民國八十九年核准重建建照，遂成立九人重建執行小組，

〔註75〕參錄自「拓建屈尺岐山巖清水祖師廟記」。
〔註76〕參錄自「拓建屈尺岐山巖清水祖師廟記」。
〔註77〕參錄自「拓建屈尺岐山巖清水祖師廟記」。

統籌工程監造作業，花費總經費新臺幣三千萬元，歷時四年十個月，於民國九十四年六月舉行落成安座大典。歧山巖重建所用石材，均來自福建泉州青斗石，所用木料皆是頂級紅木，全廟石雕、木刻、彩塑，件件都是精雕細琢。自此，寺廟外觀巍峨聳立，內觀的藝術精品滿布，香火也更加鼎盛。

　　每年農曆正月初六日為清水祖師聖誕千秋，屈尺歧山巖都會有盛大的祭典活動和做大戲。農曆四月二十四日則是保儀雙忠「尪公」繞境靖鄉〔註78〕，因為約於民國十二年，保儀尊王許遠祀奉於屈尺歧山巖，職司醫藥，布施雨露，驅除蟲害。歧山巖將此繞境活動與清水祖師祭祀完全結合，展現清水祖師信仰與保儀雙忠信仰合併的情形。

　　新店屈尺里雙溪口地區，位於二龍山登山口處，還有一間清水祖師廟「文山清水巖」。「雙溪口文山清水巖」又稱「財團法人文山清水巖」或「新店下文山清水巖」〔註79〕。「下文山」的說法是相對於文山地區下方（南方）而言。因雙溪口清水巖建廟年代與歷史性，都比不上屈尺歧山巖與廣興長福巖，因此並非屈尺、雙溪口與廣興地區移墾聚落的主要寺廟或中心寺廟。請參閱「圖二十一、新店溪中游主要寺廟位置分布示意圖」〔註80〕（二五七頁）。

（三）新店廣興長福巖

　　清朝時期，福建閩南泉州安溪拓墾先民渡海來臺，同時將奉祀於泉州安溪湖內鄉的「清水巖祖師爺」，迎奉至臺灣作為安溪族群守護神。約一百七十多年前，部分安溪族群由三角湧（今日三峽地區），翻山越嶺經平廣山區，來到新店溪畔的廣興地區墾荒。但這個區域為泰雅族原住民活動的範圍，所以拓墾的先民常遭侵襲與殺害，為求身心靈的慰藉與精神支柱，於是自「三峽清水祖師廟長福巖」分靈（分香）至新店「廣興清水祖師廟長福巖」，以求神祇庇護。

〔註78〕尪公有「大尪公」和「小尪公」之分，大尪公來自木柵忠順廟保儀大夫「張巡」，小尪公來自景美集應廟「許遠」。

〔註79〕參考引用自「佛道教經典推廣」的「全台奉祀清水祖師之宮廟整理表」，搜尋日期：二○一七年一月十九日，網址：https://www.e-books.tw/TEMPLE-03「新店下文山清水巖」地址：新北市新店區新烏路二段四五一號。

〔註80〕參考引用自 Google 地圖，搜尋日期：二○一七年四月十二日，網址：https://www.google.com.tw/maps/dir///@24.9583696,121.5312662,1456m/data=!3m1!1e3?hl=zh-TW

陳鵬文在《新店鎮與長福清水祖師略傳》中記述〔註81〕：「新店廣興地方昔多蠻族，先人由三峽翻山越嶺到此墾荒，常遭蠻人殺害。先人為精神寄託，自三峽祖師爺分香到廣興以求庇護。」清水祖師也曾多次顯靈護佑，留下許多神奇傳說，保佑廣興移墾聚落鄉民。

據廣興移墾聚落耆老說明，廣興長福巖清水祖師廟，最初是建於清同治二年（1863），在目前小坑新店溪左岸「印月禪寺」的位置〔註82〕，搭建一間草寮，後來才在城仔現址建「新廟」〔註83〕，重新搭蓋以木頭為梁柱的簡單草房建築。清朝光緒三十一年（1905）長福巖再次重建，改以厚實石塊為牆壁，屋頂也更新蓋上紅瓦。之前長福巖未改建前的模樣，牆壁還留有當年防禦用的「槍孔」〔註84〕。早年廣興岐山巖前方即是新店溪廣興渡船頭，可見當初新店溪的航運可達中上游山區。

日本統治時期，廣興長福巖後方，還有因採集煤炭與木材，而設置的輕便車站（小臺車車站），是過去新店溪上游，重要的市集所在，目前廣興城上還留有當年商行的遺跡。民國六十年長福巖重新改建，外貌全面換新，以現代鋼筋水泥建材起造，廟埕前方的河岸懸崖邊上，新增高腳戲臺一座。民國九十二年再度重修廟內藻井與廟門，特請宜蘭匠師裝飾傳統寺廟門神，計有「韋陀尊者、伽藍尊者、加官、進祿、獻花與獻果」等精緻的雕刻與圖畫。陳鵬文於《新店鎮與長福清水祖師略傳》記載長福巖的祀奉神祇情形：

> 長福巖主祀清水祖師，中殿中央神龕有鎮殿老祖，協侍楊道、周明禪師，另有大陸祖和三尊分身，副神有千手觀音一尊，中壇元帥四尊。左神龕祀保生大帝、保儀大夫、保儀尊王、濟公各一尊、土地公、關帝二尊、觀音四尊。右神龕奉保儀大夫（張巡來自木柵張姓忠順廟）、保儀尊王（許遠來自景美高姓集應廟）、關帝、關平、天后、注生娘娘、土地公各一尊，清水祖師二尊。右方側室奉瑤池

〔註81〕 參考引用自「安溪清水巖」，搜尋日期：二〇一七年二月十四日，網址：http://www.qsmount.com/index.php?m=index&a=index

〔註82〕 「印月禪寺」於民國六十九年，由中台禪寺印月堂比丘尼「釋善妙」開山創建。釋善妙比丘尼於民國八十四年圓寂後，由大弟子「釋果定」繼承主持，後來再由中台禪寺「惟覺老和尚」主持。

〔註83〕 現在廣興的當地人，皆稱呼「城仔」為「城上」，以相對應四周較低地形「城下」的稱法。

〔註84〕 此槍孔與屈尺岐山巖前老屋，當年屈尺聚落先民，抵抗泰雅族原住民時，據守的「槍銃屋」槍孔遺跡同類型，可一併參考研究。

金母（來自花蓮慈惠堂）及協侍許飛瓊、董雙成。

廣興長福巖清水祖師廟，是由三峽長福巖清水祖師廟分靈（分香）而來，主祀「清水祖師」，當地耆老都尊稱清水祖師為「祖師公」、「烏面祖師公」或更顯暱稱的「老祖」，配祀「保儀雙忠」，俗稱保儀雙忠為「尪公」或「翁公」。但廣興長福巖加入了當地住民的信仰需求，形成在地祭祀特色。因此，由長福巖的歷史沿革，可直接解讀廣興移墾聚落，了解最初拓墾先民生活狀況，以及清水祖師信仰的源流。長福巖清水祖師廟的廟碑，更敘述了早期漢人與泰雅族原住民衝突，雙方殺戮攻防的歷史傳說。根據「清水祖師略傳碑」記載：

> 當年廣興民眾每天外出工作均須先請祖師爺指點吉凶，如獲准方可保平安……並曾有原住民來襲，直趨祖師廟，幼童聞聲躲入廟內，原住民卻遍尋無人，大怒下在祖師爺下顎砍一刀，並在神案砍上四、五刀而去，結果走出廟門不遠即遭庄內壯丁射擊，或死或傷。原住民因而對其極為懼怕，稱其為魔鬼。

又陳鵬文於《新店鎮與長福清水祖師略傳》的敘述：

> 每天外出工作之前，由莊內代表請祖師爺指點吉凶，如獲准許，外出工作可保平安，如有違逆，一定出事。一次，有十二人系從事砍木燒炭者，晚飯後共商明天出工，突然其中一人喊曰：「蠻人會出來殺人。」顯示祖師爺之旨。大家議論紛紛，最後表決明天仍要出去工作，喊聲者堅持不去，遂另托他人代工。翌日外出工作至下午，即遭蠻人偷襲，十二人中，除代工者負重傷幸還外，無一生還。

諸如此類與清水祖師顯靈的神蹟傳說很多，研究者蒐集相關文獻資料，再佐以田野調查時，訪問當地耆老與仕紳的口述故事，整理成「新店溪流域歷史傳說調查表」，附錄於論文中，以供讀者參考。詳細的傳說與故事，請參閱第二章第三節的「新店溪流域歷史傳說」。陳鵬文在《新店鎮與長福清水祖師略傳》記載長福巖裡百年古物的傳說：

> 另一次，蠻人偷牆入城，直趨祖師廟，適有幼童在廟門口嬉戲，聞聲躲在廟內。蠻人直入廟內卻遍尋無人，自語曾聞幼童喧鬧聲，何以不見人影。大怒之下，在祖師爺下顎砍一刀，並在神案砍四刀而去。該三名蠻人走出祖師廟約五十公尺處，即被莊內壯丁以步槍

射擊，中彈倒斃兩名，另一名身負重傷逸去。祖師爺庇佑神跡流傳極多，不及一一備載。

所以，目前廟裡保存超過百年的古物有「下巴被刀砍缺角的祖師爺神像」、「被刀砍的神桌和供桌」，以及「過火儀式操練的鐵刺球」。長福巖廟前左側（龍邊）廂房另立有「長福岩」碑，據當地耆老表示，這是當年建廟時的「捐獻碑」，但因年代久遠風化嚴重，碑文已模糊不清，難以辨讀。

目前廣興長福巖所在位置「城仔」，當年拓墾先民為防範泰雅族原住民與盜賊的侵擾，特意將移墾聚落內的巷弄，建造得狹小蜿蜒，呈現彎彎曲曲的樣貌，令人難以掌控環境全貌及快速奔行，以求防衛自保功效，守護住民的身家安全。如今這些充滿當地特色的建築風貌，已成為當地孩子嬉戲、躲藏與玩耍的遊樂場所。廣興長福巖配置在城上移墾聚落內，為四周住民屋舍所包圍，表現出清水祖師與信眾的親近距離。請清參閱「圖二十一、新店溪中游主要寺廟位置分布示意圖」〔註85〕（請參閱二五七頁）。

（四）新店溪中游清水祖師信仰圈

清朝統治時期，隨著福建泉州安溪移墾先民來臺，清水祖師的信仰也在全臺灣落地生根。在北臺灣淡水河流域，計有「淡水清水巖、艋舺清水巖、土城永福巖（頂埔祖師廟）、三峽長福巖、瑞芳龍巖宮、六張犁石泉巖祖師廟、萬隆祖師廟（興福祖師廟、會元祖師廟）、景美萬慶巖、屈尺岐山巖、雙溪口下文山清水巖、廣興長福巖」等祖師廟，且多以「巖」命名〔註86〕。

「三峽長福巖、艋舺清水巖、淡水清水巖」三座祖師廟廟，被稱為「大臺北三大祖師廟」，再加上「瑞芳龍巖宮」，則號稱「大臺北四大祖師廟」，可見大臺北地區清水祖師信仰的狀況。座落於新店溪流域文山地區的祖師廟則有「萬隆祖師廟、景美萬慶巖、屈尺岐山巖、雙溪口下文山清水巖、廣興長福巖」，也可說明新店溪流域清水祖師信仰的狀況，以及福建泉州安溪人的分布區域。在新店溪流域有泉州安溪人的地方，就有清水祖師廟，清水祖師信仰圈幾乎涵蓋整個新店溪流域的東岸地區。〔註87〕

〔註85〕 參考引用自 Google 地圖，搜尋日期：二〇一七年四月十二日，網址：https://www.google.com.tw/maps/dir///@24.9583696,121.5312662,1456m/data=!3m1!1e3?hl=zh-TW

〔註86〕 「巖」、「岩」與「巖仔」在福建漳、泉地區、廣東潮、汕地區與臺灣地區相當普遍，本意是山洞，在閩南語中專指山中佛寺，後來靠近山邊的寺廟，就都稱為「巖仔」。

〔註87〕 「臺灣清水祖師文化交流協會」有「臺南市四鯤鯓龍山寺、阿蓮薦善堂、大

　　在研究者實地田野調查時，發現臺灣北部有許多寺廟都有清水祖師分靈神像，或是附祀清水祖師，例如：臺北市北投區稻香里集應廟與新北市汐止區忠順廟，本身都是屬於保儀雙忠廟，爲保儀大夫與保儀尊王的信仰寺廟，因爲同屬泉州安溪的原鄉信仰，都是安溪族群守護神，因此祭祀活動常相結合，信仰圈也是彼此重疊。〔註88〕

　　「清水祖師信仰圈」涵蓋海峽兩岸與東南亞各地，有泉州安溪人的地方，就有清水祖師的香火。〔註89〕陳鵬文《新店鎮與長福清水祖師略傳》記述〔註90〕：「神明聖誕，清水祖師正月初六日，大尪公（張巡）四月廿五日，小尪公（許遠）十月十六日。」參考「福建省安溪清水岩風景旅遊區」網頁「安溪清水岩」資料，清水祖師信仰圈最重要的祭祀活動，就是農曆正月初六的清水祖師誕辰，以及信仰圈重疊的保儀雙忠信仰圈，於農曆四月二十五日舉辦保儀大夫——「大尪公（張巡）」的聖誕活動，以及農曆十月十六日舉辦保儀尊王——「小尪公（許遠）」的聖誕活動。〔註91〕

　　同屬新店溪中、上游移墾聚落的屈尺、雙溪口、廣興與龜山地區，都是清水祖師的信仰圈。清水祖師是泉州安溪人的地方保護神，所以泉州安溪族群落籍的地方，幾乎都有清水祖師廟，每逢節日與千秋聖誕慶典時，祭祀迎神與酬神廟會活動，都是當地的盛事。因此，每年農曆正月初六的清水祖師

嵛清興宮、財團法人萬慶巖清水祖師廟、公親寮清水寺、崁仔頭清水宮、新北市三峽區清水祖師信眾會、蘭潭清水寺、臺中龍泉岩、新北市土城永福岩、新北市淡水清水巖、新北市屈尺岐山巖、臺北市興福巖、財團法人下文山清水祖師、臺中清修岩、赤崁清進宮、高雄湖內葉厝甲清水寺、中洲開臺清水寺、廣興長福岩、關廟清水寺」等二十間。參考引用自林東良：〈『臺灣清水祖師文化交流協會』舉辦第一屆第二次會員大會〉，《PChome》（二〇一二年十二月二十五日　18:40:28），搜尋日期：二〇一七年三月十一日，網址：http://mypaper.pchome.com.tw/coolanews/post/1323600841

〔註88〕　參考引用自「佛道教經典推廣」的「全台奉祀清水祖師之宮廟整理表」，搜尋日期：二〇一七年一月十九日，網址：www.e-books.tw/TEMPLE-03

〔註89〕　辜神徹：《臺灣清水祖師信仰——落鼻祖師的歷史與文化》（臺北：博揚文化事業有限公司，二〇〇九年十一月）。

〔註90〕　參考引用自「安溪清水岩」，搜尋日期：二〇一七年二月十四日，網址：http://www.qsmount.com/index.php?m=index&a=index

〔註91〕　「迎尪公」也稱「迎翁公」。「尪」字義爲一種突胸仰向，骨骼彎曲的疾病。「尪」字另一義爲瘦弱（宋‧蘇軾〈上神宗皇帝書〉：「世有尪羸而壽考，亦有盛壯而暴亡。」）；「翁」字義爲對男性長者或對男性的尊稱。例如：「仁翁」、「老翁」、「漁翁」、「某翁」等。「翁姑」爲夫之父母。「翁婿」爲岳父與女婿。因此研究者認爲，「迎翁公」相較「迎尪公」的用詞，更適合保儀雙忠信仰使用。

聖誕，屈尺、雙溪口與廣興地區，皆有熱鬧的遶境、祭祀與慶典活動。

　　屈尺移墾聚落，由「頂店、下店、山腳、雙溪口、城仔」等五個區域，輪流負責舉辦清水祖師聖誕祭祀事宜，主要祭祀儀式採用傳統的「殺豬公」（刣豬公）祭典方式。每年屈尺聚落的迎神與殺豬公活動，皆能得到聚落住民們與他地信眾的熱烈參與。廣興長福巖年度最重要的祭祀活動，也是農曆正月初六清水祖師千秋聖誕，同樣也是舉辦「殺豬公」敬神祭典活動，由廣興當地「內山、山頂、頂股、中股、下股」等五股，輪流分攤慶典費用。

　　此外，每年農曆四月二十四、二十五日及十月十五、十六日〔註92〕，屈尺與廣興地區清水祖師信仰，結合保儀雙忠信仰「迎尪公」活動，進行出巡遶境靖鄉，以及驅蟲祛煞活動，以護佑農產豐收，護佑鄉土平安。隨著臺灣工商業發展，經濟起飛，社會變遷，陸續有許多不同原鄉的新住民們，加入當地生活圈，但清水祖師信仰圈結合保儀雙忠信仰的迎神賽會等活動，已經歷史久遠，且根深柢固，並未因人口組成改變而因此受到影響。新店溪流域的清水祖師信仰圈，是所有在地住民共同的信仰文化，也是蘊藏豐厚的文化資產，對於移墾聚落住民的在地認同，促進地方繁榮發展與經濟能量，具有相當大的影響力。

　　新店溪中、上游的屈尺、雙溪口、廣興與龜山等移墾聚落，同屬於傳統泉州族群較多的區域，因此，屈尺里的岐山巖與廣興里的長福巖皆主祀「清水祖師」，都是典型的泉州安溪移民信仰。不過特別值得強調的是，分屬新店溪東、西兩岸的屈尺與廣興移墾聚落，兩聚落之間只隔著一條新店溪，以地理位置及範圍來看，應屬同一個「生活圈」，但是屈尺和廣興先民的信仰源頭，卻是來自不同的地方。屈尺岐山巖分靈（分香）自艋舺（臺北市萬華區）清水祖師廟「清水巖」，廣興長福巖則是分靈（分香）自三角湧（新北市三峽區）清水祖師廟「長福巖」（廣興長福巖與分靈祖廟三峽長福巖同名）。此種地域色彩濃厚的清水祖師信仰與文化現象，是新店溪上游移墾聚落信仰的一大特色。

　　屈尺岐山巖與廣興長福巖，原是屬於地方移墾聚落的庄頭寺廟。清水祖師信仰會發展到跨聚落、跨區域的信仰圈，除了這二座寺廟都歷史久遠之外，

〔註92〕屈尺地區為農曆四月二十四日及十月十五日，廣興地區農曆四月二十五日及十月十六日。農曆四與十月，分別約為耕種的播種期與收割期。十月十五日及十月十六日近年已無舉辦遶境活動，只維持農曆四月份的「迎尪公」活動。

也因為接鄰烏來泰雅族原住民區域，歷經過最慘烈的族群流血衝突，形成跨區域的泉州安溪與部分客家族群集居，導致移墾聚落信仰力與凝聚力都很強，自然也就形成一個穩固的清水祖師信仰圈。此外，常年舉行的遶境靖鄉與過火活動，也直接與間接的將聚落內、外的人心凝聚合作在一起。

　　有關清水祖師信仰圈的神祇傳說，以及故事傳播與文化行銷，如同新店溪流域，其他移墾聚落的信仰圈的傳說一樣，是了解清水祖師信仰圈的背景與精神內涵，最佳的途徑之一，只可惜文獻資料所記載的並不多，本論文中所呈現的清水祖師傳說，大多是研究者訪談屈尺與廣興當地耆老、士紳與在地教師，將口傳故事整裡成文。例如：「鄰村兄弟情」，屈尺與廣興移墾聚落，流傳久遠的「清水祖師神像傳奇故事」；清水祖師顯靈賜名「屈尺岐山巖清水祖師廟」傳說；「屈尺漢原族群衝突——食人傳說」；新店龜山「屈尺事件」（「屈尺慘殺事件」）；「廣興魔鬼傳說」；「鎮廟之寶」——百年歷史的鐵刺球〔註93〕等。

　　諸如此類的清水祖師信仰傳說，藉由文獻、書籍、影片、口語傳播等等媒體，不斷的「文化行銷」，並無遠弗屆的傳播出去，不但彰顯屈尺岐山巖與廣興長福巖的特殊性，也正增強了清水祖師的信仰靈異性。藉由當地住民與各地信眾，在各種平面與電子媒體的大量運用，更加深信眾對清水祖師的虔誠信仰，也能使得新店溪中游地區清水祖師信仰圈，有機會走出一條新道路。

　　由上所述，可知新店溪中游的屈尺與廣興地區，因為是屬於泉州安溪人較多的移墾聚落，所以同時具有清水祖師信仰圈與保儀雙忠信仰圈，也因此形塑出屬於地方特色的慶典儀式與信仰活動。

二、保儀雙忠信仰圈

（一）保儀雙忠

　　「保儀雙忠」是指唐朝天寶年間至唐朝肅宗至德二載（757）時，因「安史之亂」死守睢陽城而為國殉職的「張巡」與「許遠」。在北臺灣「保儀雙忠」被界定為「移民者的守護神」，具有多重的信仰面貌，包括「雙忠信仰、

〔註93〕許多神奇、特異、不合乎邏輯辯證的信仰傳說，雖有「迷信」或「不合邏輯」等可議之處，但站在旁觀者、觀察者與研究者的角度，都必須尊重是在地民俗活動和信仰的一部分。

王爺信仰、元帥信仰、厲王信仰、保儀大夫信仰、保儀尊王信仰」等不同的信仰系統，北臺灣淡水河流域是屬於「保儀大夫信仰、保儀尊王信仰」。「保儀雙忠」也被尊稱為「雙忠」、「雙忠神」、「雙忠公」、「尪公」（「翁公」）、「尪王」、「尪元帥」、「汪公」、「紅公」、「洪公」、「安公」、「大使公」、「大使爺」、「文武尊王」等不同的稱謂，福建安溪大坪移墾臺灣的「林、高、張」三姓血緣性宗族後裔耆老，也暱稱「保儀雙忠」為「老祖」〔註94〕，夫人為「老媽」與「尪娘」。

　　有關「保儀雙忠」信仰，一般認定雙忠崇拜是開始自安史之亂平定後，唐肅宗下詔在睢陽起建「雙忠廟」祭祀，此後保儀雙忠信仰與張巡、許遠的忠義精神緊密連結，做為歷朝歷代宣揚教化的範例〔註95〕。此外，民間還有許多其他傳說，眾說紛紜，例如「尪公」的說法，就是傾向「尪公」就是「張巡」和「許遠」。這兩位在歷史上寧死不屈，鐵錚錚的忠臣，殉國後被尊奉為神祇，從華北到福建，從閩南到兩廣，都有香火奉祀。一般常見區分張巡或許遠兩尊神像的方法，就是以神尊不同的裝扮來推論，判斷武官張巡面貌威武莊嚴，手持兵器，一身武將穿著；文官許遠面容溫文儒雅，手中執笏，典型文職裝扮。不過，常常有原則就有例外，木柵忠順廟的保儀大夫（張巡）是文官扮相，因此容易被誤解為許遠。

　　在閩南泉州安溪與臺灣地區，暱稱保儀雙忠為「翁公」，後人誤解其意而訛誤稱為「尪公」。〔註96〕現今大家已習慣使用「尪公」，反而「翁公」用法較少看到〔註97〕。「尪公」與「翁公」的字義用法，在學界與民間有不同見解的爭議。除了保儀雙忠被稱為「尪公」之外，還有一些神祇也被稱為「尪公」。「尪公」是張巡、許遠，還是鄭保惠〔註98〕，之所以爭議難平，這與原有的地域性神祇，被他地引入的異鄉神祇，或是其他原因產生的新神祇，信

〔註94〕「尪公」（「翁公」）是最常聽見的尊稱。位於萬隆、景美、木柵、北投與淡水的「林、高、張」三姓後裔，暱稱「尪公」為「老祖」，「迎尪公」又稱為「請老祖」。

〔註95〕標榜忠義精神，做為歷朝歷代宣揚教化的範例，相類似的歷史人物神祇，最常見的就是關羽與岳飛。

〔註96〕當地耆老習慣上仍稱自己為「河洛人」（河洛指的是河南洛陽，黃河與洛水），講的是「河洛話」，皆稱「集應廟」為「翁公廟」（「尪公廟」）。

〔註97〕類似的狀況例如：「滷肉飯」與「魯肉飯」。「滷肉飯」為本字正確寫法，「魯肉飯」為訛稱之錯誤寫法，但現實生活中「魯肉飯」的使用率高達八成以上。

〔註98〕「保惠尊王」俗姓鄭，號保惠，曾為宋朝「押遷官」，因護送南遷移民至閩南，百姓感念其德，在其離世後，尊之為神奉祀。

仰型態互相融合、消長、替代有關，神祇的不同形像與改變，是不斷的透過各種形式，彼此相互作用與影響。做為同一個「尪公」的信仰，所產生出的不同對象或變異形像，自然有著不同的客觀判斷與主觀認知。

　　過去文山區山區的茶農恭請尪公神像遶境除蟲害時，張巡通常是武將的打扮，因為張巡歸天後，成為祛災降福，懲奸除惡，統領天將神兵的武神，所以有尪公就是指張巡的說法。不過，尪公是指張巡與許遠的合稱，還是一般較多人認同的說法，因為保儀雙忠被稱為尪公，而保儀雙忠就是指張巡與許遠的合稱。

　　神祇的故事，在不同的朝代，不同的地域，流傳於民間的說法相當多元，尤其是經過俗說、戲曲、平話等各種途徑的「誇大渲染」之後，更是與史實相左甚遠。張巡在《歷代神仙通鑑》中〔註99〕，依時間推演與輪迴說法，被敘述為前身是張飛，後身是岳飛，集「張飛、張巡、岳飛」於一身，三者跨越千年的時空，竟是「同一人」。

　　關於保儀雙忠的封號，常見的說法是：宋朝時敕封張巡為「河南節度副使、東平威烈昭濟顯慶靈祐王」、許遠為「光祿大夫、忠順顯祐靈著真君」，同時賜御匾「保城儀邦」〔註100〕，稱「保儀祠」，所以民間信仰尊稱張巡為「保儀尊王」，許遠為「保儀大夫」。但上述說法已不可考，只是可以確認一般庶民百姓，總是覺得神祇若經官方的「認證」，神威大增，祈祝方靈，因此，歷朝歷代以來，常見百姓黎民，為所尊奉的神祇，向官方請求封號的情形。

　　審視張巡與許遠的封號，其實相同字與相近字頗多，極易混淆，因此，另有一說，尊稱張巡為「忠靖靈祐尊王」，尊稱許遠為「忠順靈著尊王」，二者合稱「雙忠尊王」。再有一說，因張巡勇猛威武，故稱「武安尊王」〔註101〕，許遠端正斯文，故稱「文安尊王」，二者合稱「文武尊王」。

　　此外，關於保儀雙忠「封號互易」的論點：張巡生前因為官職僅是真源縣令，所以應該只被追封為「保儀大夫」；許遠為睢陽郡太守，官職較高，

〔註99〕 《歷代神仙通鑑》又名《三教同原錄》與《歷代神仙演義》，記錄從上古時期到明代期間的神仙歷史事蹟。

〔註100〕 其意為「保衛城池，國家儀範」。

〔註101〕 金門縣金寧鄉雙忠廟主祀大尊王屬王爺張巡為境主，主奉二尊王許遠、三尊王雷萬春。張巡與許遠二王皆是文武雙全的能才，故又稱為「武安尊王」、「尊王公」。

所以應該被追封爲「保儀尊王」。事實上因年代久遠，兩尊神祇已合成一體祭祀，甚至二者的尊稱也經常被人們互易，有人稱張巡爲保儀尊王，有人稱許遠爲保儀尊王，保儀大夫亦然。例如：臺北市文山區景美集應廟，奉祀張巡並尊稱爲保儀尊王；臺北市文山區萬隆集應廟，奉祀張巡並尊稱爲保儀尊王；臺北市文山區木柵集應廟，奉祀張巡並尊稱爲保儀尊王；臺北市文山區木柵忠順廟，奉祀張巡並尊稱爲保儀大夫。諸多不同的說法，常令信眾混淆誤解，研究者認爲包容不同的論述與見解，最終尊重廟方的陳述即可。

根據「木柵文史工作室」的說法：張巡與許遠都被稱爲「尪公」，兩者都是在唐朝「安史之亂」時，寧死不屈堅守睢陽城，最終被後世尊奉爲神祇。因爲後人祭拜混淆，所以說法各異，難論孰是孰非。〔註102〕

經研究者審視分析相關資料與典故之後，發現「公說公有理，婆說婆有理」，「保儀尊王」與「保儀大夫」稱謂實難論斷。不過，暫且將歷史事實與爭議放下，思考張巡與許遠都有「尊王」的稱號，所以「保儀尊王」的尊稱兩者是否都可適用？而「大夫」是文官的稱謂，兩者都曾經是唐朝開元進士，所以「保儀大夫」的尊稱是否也是二者都可適用？研究者以民間信仰與文化角度爲前提，認爲民間信仰首重虔誠與敬意，心靈的澄淨與安定更勝一切，因此，主張應當尊重供奉神祇寺廟的說法，以及包容神祇信仰者的習慣。

保儀雙忠自清朝時期開始，即是淡水河流域泉州安溪人移墾聚落的守護神祇，祂們的角色職能相當多元，臚列如下：

1、鄉土神（族群神、原鄉神）：福建泉州安溪族群，將保儀雙忠尊爲鄉土的守護神，並俗稱（暱稱）其爲「尪公」（翁公）。

2、「防番」之神：北臺灣淡水河流域與新店溪中、上游一帶，拓墾時期的泉州安溪移民都虔誠信仰保儀雙忠，認爲保儀雙忠是在唐朝安史之亂時，盡忠抗敵殉國的大忠臣，同時也是英勇武神，因此有防禦寇讎的神能，足以防範「生番」（當時多指山區的泰雅族原住民，也有少數平原地區的其他族群原住民）的「出草」侵擾。臺灣南投縣與彰化縣一帶，則稱保儀雙忠爲「都天元帥」，作爲武神奉祀。傳說唐朝至德二年（757），張巡死前曾經立誓揚言：「臣雖爲鬼，誓與賊爲厲，以答明恩。」所以，金門縣金寧鄉雙忠廟尊稱張巡爲「張厲王」或「厲王爺」〔註103〕。

〔註102〕參閱自木柵文史工作室：〈安溪移民的尪公信仰〉，《文山鄉土教育網》（二〇一七年一月），網址：http://mucha.myweb.hinet.net。
〔註103〕同前註。

　　3、茶農（農耕）的守護神：傳說保儀雙忠（尪公）是驅趕農作害蟲的守護神祇〔註104〕，能保護茶葉（也包含其他農作物）生長，所以泉州安溪以及北臺灣山區茶農（還有其他耕作種類的農家）多虔誠供奉，並於每年春、秋時期進行春、秋祭祀及「迎尪公」遶境靖鄉與驅蟲辟疫活動。

　　4、除瘟之神（除疫之神）：臺灣民間信仰中，認為保儀雙忠是驅鬼祛病之神，尤其是單指張巡，甚至認為祂就是「瘟神」此說法與王爺信仰有關。瘟神形象青面赤髮，爆出四顆獠牙，兇狠獰惡，又稱為「青魁菩薩」。張巡具有除瘟（除疫）之神的特性，所以能夠驅瘟防疫，此種認知在中國東南各省通行，也在臺灣被普遍認定。神祇信仰具有「排他性」或「融合性」〔註105〕，就如張巡在許多地方取代了原來供奉的地區性神祇，屬於「排他性」的展現，但是也融入了其他的「功能」或「神威」，即是「融合性」的現象。

　　5、水神：張巡封號「顯佑安瀾寧漕助順」，因有「安瀾寧漕」字詞，因此也被尊為「水神」與「漕運之神」。

　　每年北臺灣各地的保儀雙忠聖誕祭典，除了祭祀尪公（老祖）之外，也一併祭祀尪公的夫人（「老媽、尪娘、夫人媽、申國夫人、林氏夫人、尊王夫人」）〔註106〕，在「迎尪公」的陣頭中，不但「尪娘」會跟著遊行遶境，其順序還排在「尪公」之前，傳說是為了感念「尪娘」生前為「尪公」所做的奉獻和犧牲，此種遶境的模式，是其他神祇奉祀與遶境活動所少見的，這也是「迎尪公」活動的特點之一。

　　尪公信仰輪祀，可以分成兩種型態，一種是在不同村庄間，一庄頭過一庄頭的輪祀形式（北臺灣淡水地區的「八庄大道公」八庄九爐輪值模式也是此種型態）；另一種則是在同一村庄區域內的角頭輪值。

　　由歷史文獻與地方傳說探析，一庄頭過一庄頭的尪公輪祀形式，可推得三條傳統路線，一條是「擺接堡」路線〔註107〕；一條是沿基隆河沿岸聚落（松

〔註104〕參考引用自張安蕎：〈中秋特色慶典——三峽上千人迎尪公〉，《自由電子報》（二〇一六年九月十五日 19:39），網址：http://news.ltn.com.tw/news/life/breakingnews/1827393

〔註105〕因族群發展歷史與信仰的關係，「保儀雙忠信仰」與「開漳聖王信仰」就具有「排他性」；「保儀雙忠信仰」與「清水祖師信仰」就具有「融合性」。最常見的「福德正神信仰」，最為「親民」，既跨族群又跨地域，若不論神格高低，幾乎可以與所有神祇「融合信仰」。

〔註106〕「夫人媽」意指保儀尊王的夫人，又稱「尪媽」或「尪娘」。（「夫人媽」為「林氏夫人」，賜封「申國夫人」）。

〔註107〕「擺接堡」是臺灣北部的一個行政區劃，自清朝統治時期，直至日本統治時

山、南港、汐止、暖暖、瑞芳）；一條是從臺北市大安區到文山區的各移墾聚落（公館、萬隆、景美、木柵、深坑、石碇、大坪林、新店、屈尺、廣興、坪林）。同一聚落區域內的角頭輪值，就是將祭祀區進行分角，通常與祭典的費用攤派有關，不過也必須考量移墾聚落的形態與分布情形。

（二）萬隆集應廟、景美集應廟與木柵集應廟

綜觀漢人離開原鄉遷移他鄉發展，為求一路平安，身心順遂，總會攜帶原鄉守護神或家族神祇香火同行，例如「清水祖師、保儀尊王、開漳聖王、三山國王、關公、媽祖、城隍爺、法主公〔註108〕、董公祖師（董伯華）〔註109〕」等神祇，都是各不同地域與族群的守護神。唐朝末年中原地區動盪紛亂，河南光州固始「林、高、張」三姓家族共同南遷避難〔註110〕，此為「第一次遷徙」。三姓家族就是隨身攜帶「保儀尊王」聖像以求庇佑。南遷過程中，三姓家族皆「集體感應」到保儀尊王的指引與護祐，於是在安抵福建泉州安溪大坪落籍後，為感恩保儀尊王的恩澤，遂建廟祀奉，並取名「集應廟」。

清朝康熙年間〔註111〕，福建泉州安溪大坪「林、高、張」三姓家族移墾先民，由當地大坪集應廟奉請（分香）「三聖物」——「保儀雙忠（尪公）聖

期，範圍包含今日新北市的板橋區、中和區與永和區的全部，以及土城區的大部分，還有新莊區的南端與臺北市萬華區的南部。「擺接堡」的西南邊為「海山堡」，西北邊為「興直堡」，東北邊為「大加蚋堡」，東南邊為「文山堡」（今日景美、木柵、深坑、石碇與新店地區）。

〔註108〕「法主公」意為法術高強的神祇，並不是指「單一位」或特指「某一位」神祇，不過通常是對閭山派（華南道教流派）奉祀神明的敬稱。各地信奉的法主公組合均不同，但較常特指「法主真君」（張慈觀法主）。「法主公」也被視為「茶商之神」（「臺北大稻埕法主公廟」，又稱「法主宮」、「法主廟」、「法主真君廟」、「法主聖君廟」與「張聖君廟」，位於臺北市大同區南京西路三四四巷二號巷底。一八六九年由茶商陳書楚從福建泉州安溪碧靈宮分靈而來，該廟即主祀法主真君。臺灣「二二八事件」的引爆點「天馬茶行」，即在臺北法主公廟對面。）、「防番之神」（防範原住民出草獵首）、「監察之神」、「旅途之神」。

〔註109〕「董公」俗名「董伯華」（董柏華），又稱「董公、董真人、董公祖師、董公真人、董公真仙」，為福建泉州晉江與安溪的鄉土神祇，但多為「翁」姓族人奉祀。隨著翁姓族人的遷徙，散布在臺灣與南洋各地。清朝統治時期的安溪翁姓移墾先民，將董公視為「防番之神」，因此在拓墾地區奉祀清水祖師與董公，以庇佑防備原住民出草獵首。新店中興路底，鄰近景美溪，即有一座「董公廟」，此處即居住著傳統翁姓家族。

〔註110〕「同姓家族」即是表示具「血緣性」的家族組織。

〔註111〕另一說為乾隆年間。

像〔註112〕、「夫人媽」聖像（林氏夫人）、白瓷香爐」，護佑先民度過「黑水溝」，來到北臺灣淡河流域拓墾〔註113〕，此爲「第二次遷徙」。後來三姓家族分別移墾於「淡水、北投、大安、萬隆、景美、木柵、深坑、石碇、新店」等地。當時最初的協議，由「林、高、張」三姓輪流奉祀保儀雙忠，但清朝文宗咸豐三年（1853），淡水河右岸的艋舺發生「頂下郊拼事件」〔註114〕，大臺北地區情勢嚴峻，三姓先民議決化整爲零四散避禍，遂拈鬮分配「三聖物」〔註115〕，保儀雙忠（尪公）聖像由高姓先民抽得（尊奉於今日景美集應廟），夫人媽聖像由林姓先民抽得（尊奉於今日萬隆集應廟），白瓷香爐由張姓先民抽得（尊奉於今日木柵集應廟），之後分別建廟奉祀。另一說法爲，「林、高、張」三姓經數年後，人丁繁衍興旺，彼此意見產生分歧，於是在清朝文宗咸豐三年（1853），以拈鬮決定「三聖物」的奉祀歸屬。

高姓先民於清朝咸豐十年（1860），在景美「竹圍」建「景美集應廟」（又稱「雙忠廟」、「尪公廟」）〔註116〕，主祀保儀雙忠（保儀尊王與保儀大夫，在景美集應廟亦尊稱「高尪公」），清朝穆宗同治六（1867），遷廟於今日景美觀光夜市內的現址〔註117〕，已認證爲國家三級古蹟與臺北市定古蹟，是景美區居民的信仰中心。景美高姓宗族的保儀尊王祭祀活動，是以地緣性來劃分，而不是採嚴格的血緣房派來分配，因爲各房後裔子孫居地四散，連絡非常不易，難以運作，所以依地理位置劃分的「五甲輪祀」，才是可行的模式。景美集應廟與北投集應廟高家之間的宗教祭儀活動，還一直互有「迎香」與「送香」的往來。

林姓先民於清朝穆宗同治二年（1863），於萬隆「三塊厝」建「萬隆集

〔註112〕有一說爲保儀尊王張巡。

〔註113〕「黑水溝」在當時意指臺灣海峽。

〔註114〕「頂下郊拼」（又記作「頂下郊拼」，也稱「四縣反」），一八五三年發生於艋舺（今日萬華區）的分類械鬥事件，影響層面極廣。以泉州府三邑人（惠安、南安、晉江）爲主的頂郊，與泉州府同安人爲主的下郊（同安人因主要與廈門一帶進行貿易，因此被稱爲「廈郊」，轉音爲「下郊」；泉州三邑人，則相對稱爲「頂郊」）械鬥，最終同安人敗走大稻埕，間接促成大稻埕（今日迪化街一帶）與大龍峒（今日大同區）的開發。

〔註115〕「拈鬮」即「抽籤」。「鬮」爲用來抓取以決勝負的器具，或抽取以卜可否的紙條。例如：「抓鬮」、「拈鬮」、「鬮兒」。

〔註116〕「竹圍」即今日景美國小操場旁。

〔註117〕今日廟址爲「臺北市文山區景美街37號」。

應廟」（又稱「雙忠廟」、「尪公廟」）〔註118〕，奉祀保儀雙忠（保儀尊王與保儀大夫，在萬隆集應廟亦尊稱「林尪公」）。日本統治時期大正十年（1921），再由當地士紳林金隆捐地，遷廟於「番婆厝」（今日現址）〔註119〕。歷經民國三十六年整修，以及民國七十四年重建，成為巍峨大廟，並將一樓規劃為里民活動中心，二樓以上為寺廟主殿，祀奉神祇。萬隆林姓宗族集應廟，過去因宗族成員分散他遷，也無轉型經營吸引地方信眾參與，因此發展規模上較為薄弱。新一代的林姓家族，希冀擺脫萬隆集應廟等同「林氏集應廟」的「家廟」印象，積極活動化與公開化，如今已是萬隆當地居民的信仰中心。

張姓先民於清朝德宗光緒二十年（1894、甲午年），於木柵建「木柵集應廟」（又稱「雙忠廟」、「尪公廟」）於今日現址〔註120〕，歷經民國十年增建，六十七年重修，七十年十月竣工落成，現貌為二樓莊嚴大廟，由張姓氏族管理，廟內供奉保儀尊王張巡（在木柵集應廟亦尊稱「張尪公」）與林氏夫人（申國夫人），如今已是木柵當地居民的信仰中心。木柵集應廟與淡水小坪頂張姓宗族集應廟，過去因血緣性與宗族性的組織運作較濃厚，因此相關宗教祭祀與信仰活動，曾被界定位為「家廟」的性質。木柵與淡水小坪頂張家集應廟之間的宗教祭儀活動，也一直有「迎香」與「送香」的相互往來〔註121〕。木柵與淡水張家集應廟分祀保儀尊王，六年奉祀木柵，三年奉祀淡水小坪頂、義山。

木柵集應廟的特色之一，就是廟中設有「文昌殿」和「財神殿」，文昌殿內供奉「文昌帝君、關聖帝君、朱衣夫子、大魁夫子」與「魁星筆」，而財神殿則祭拜「文財神比干」、「武財神趙公明」和「偏財神土地公」。當地學子考期到集應廟祈求應試金榜題名，當考上理想學校後，廟方即會舉辦「狀元宴」，以傳統辦桌方式歡慶「榮登科甲」。〔註122〕

〔註118〕「三塊厝」為舊地名，當初「林、周、陳」三姓共同開發，故為名。於今日「臺電公司文山區變電所」附近。

〔註119〕「番婆厝」為舊地名。今日廟址為「臺北市羅斯福路五段二二一巷一號二樓」（捷運新店線萬隆站三號出口巷子前方）。

〔註120〕今日廟址為「臺北市文山區保儀路七十六號二樓」（木柵國中對面）。

〔註121〕每逢保儀尊王離開淡水小坪頂，迎回木柵時稱為「迎香」，均會舉行「豬公獻祭」祭典。

〔註122〕參閱自木柵集應廟管理委員會：〈木柵集應廟沿革〉，《木柵集應廟農民曆（二○一二》（二○一一年十月），頁1～2。

（三）木柵忠順廟

「木柵忠順廟」全名「財團法人臺北市忠順廟」，又名「保儀大夫廟」，主祀保儀雙忠——保儀大夫與保儀尊王。忠順廟原址位於內湖樟腳（今日樟腳里），當時暫且以民房奉祀神祇。民國九年（1920），地方士紳張福堂等人發起興建新廟，遂在石碇、深坑、木柵等地，通往新店、碧潭與烏來的道路旁的現址立廟〔註123〕，歷經民國四十五年重修，即成現在的樣貌。

木柵忠順廟正殿，中央主神供奉「保儀大夫（張巡）」、保儀尊王（許遠）、保儀大夫夫人（林氏夫人、申國夫人），左右供奉清水祖師、天上聖母、關聖帝君、文昌帝君、孚佑帝君、觀音佛祖、地藏王菩薩、福德正神、福德正神夫人、中壇元帥、玉封尊王、太歲殿諸神」。〔註124〕保儀大夫在木柵忠順廟亦可尊稱爲「大夫公」，此稱法是相對於萬隆集應廟的「林尪公」、景美集應廟「高尪公」與木柵集應廟「張尪公」。忠順廟祭典在四月十日尪公生日，每八年有一次大祭，四月八日與九日拜斗，初十舉辦祭祀法會，並讓信眾進行安太歲。每年農曆四月七日忠順廟皆會舉辦神祇遶境靖鄉活動，這是木柵地區的年度宗教盛事，範圍到指南路、貓空山區、木柵路、辛亥路、木新路一帶，即過去內湖庄樟腳與下崙尾等地〔註125〕。

過去的農業時代，北臺灣淡水河流域「迎尪公」是一項非常重要的慶典活動，因爲來臺拓墾先民，必須克服開墾的艱困環境，又得時時提防泰雅族原住民的侵擾，在生理與心理雙重壓力之下，保儀雙忠也就從庇祐平安康泰、五穀豐登，再變演成「防番之神」，成爲多元神格的守護神。拓墾初期，木柵先民常與泰雅族原住民發生流血爭鬥，因此在跟泰雅族原住民做戰前，都要先進行尪公祭拜與「放軍」，應許會藉此而穫得平安與勝利。

早年文山木柵地區，山區多半爲茶園，平原多半爲農田，蟲害困擾影響農作物收成。保儀大夫神威護鄉佑民，每年遶境靖鄉前，勢必大雨傾盆，讓農作物害蟲因雨打落而無法成蟲危害。曾經北臺灣移墾聚落恭迎保儀大夫遶境靖鄉，每年超過三百個村莊，庶民百姓們接喡稱保儀大夫爲「尪公」（「翁公」）。新北市永和溪洲地區，過去農業時代農作屢遭蟲害所傷，當地頭人與仕紳會前往木柵忠順廟，迎請保儀大夫尊身，與在地的永和保福宮保生大帝，

〔註123〕今日廟址爲「臺北市文山區中崙路十三號」。
〔註124〕木柵忠順廟認爲保儀大夫是張巡，保儀尊王是許遠；木柵集應廟主張保儀尊王才是張巡，保儀大夫才是許遠。
〔註125〕「木柵鐵觀音」即爲張姓家族（張迺妙）引進包種茶種植。

共同遶境靖鄉巡視溪州地區農田,驅蟲祛疾,庇佑五穀豐收。後來的新北市與臺北市地區,恭迎保儀大夫遶境靖鄉,經統計也有二百多個移墾聚落。由此可見,「尪公」是自清朝時期以來,臺北盆地淡水河流域,最爲重要的民間宗教活動之一。木柵忠順廟的第一尊保儀大夫神像「老祖」,距今已超過二百七十年歷史,因出巡時會顧慮較多,目前已很少離開宮廟,現在出巡遶境香的部分,都是恭請「二祖」與「三祖」神像。

從當地耆老口中,還聽到一個十分有趣的傳說:木柵忠順廟的祭品在廟方的主導下,以餅類、素果爲主,而過去曾流傳不能用番鴨祭祀保儀大夫,因爲保儀雙忠於當年「安史之亂」時,曾受「番人」圍困,「番鴨」如同「番人」,所以不能以鴨肉當祭拜品。

(四)新店溪流域保儀雙忠信仰圈

「雙忠廟」(暱稱「翁公廟」或「尪公廟」)爲主祀泉州安溪鄉土守護神、茶葉守護神──保儀雙忠(張巡和許遠)的寺廟,信仰圈分布於福建泉州、廣東潮、汕以及臺灣。北臺灣的保儀雙忠信仰圈主要在淡水河流域右岸區域,常見寺廟名稱有「集應廟、集順廟、忠順廟、保儀廟」等。在集應廟與集順廟沿革的傳說中,尊奉張巡是保儀尊王,而許遠是保儀大夫,此論點與忠順廟說法相異〔註126〕。北臺灣的尪公信仰,又區分成「保儀尊王」和「保儀大夫」兩個不同的信仰系統。「保儀尊王」信仰系統,是指淡水河流域奉祀保儀尊王的地方年例,都是迎請景美高姓宗族集應廟的尪公。「保儀大夫」信仰系統,即是奉祀保儀大夫的木柵忠順廟和汐止忠順廟,這兩座廟最初即發展爲公廟性質,具有其他地方所奉祀的信仰圈規模。

清朝統治時期,福建泉州安溪移墾先民落居北臺灣的地區,以淡水河流域右岸爲多,範圍大約在今日的基隆河流域,以及新店溪流域東岸一帶。日本統治昭和元年(1926),臺灣大臺北地區的調查,當時臺北市約有百分之五十三點三的福建泉州安溪人,「瑞芳、七堵、松山、萬隆、景美、木柵、深坑、石碇、平溪、新店、坪林、樹林、三峽、鶯歌」等地區的居民,有百分之四到百分之九十祖籍屬泉州安溪。

泉州安溪人務農種茶的地區,幾乎都會建廟奉祀保儀雙忠,這也就是保儀雙忠信仰圈的範圍,例如北臺灣基隆河流域的「平溪、雙溪、九份、侯硐、

〔註126〕參閱自木柵文史工作室:〈安溪移民的尪公信仰〉,《文山鄉土教育網》(二○一七年一月),網址:http://mucha.myweb.hinet.net。

瑞芳、暖暖、汐止、南港」；景美溪流域的「石碇、深坑、木柵、景美（梘尾）」；
新店溪流域的「坪林、龜山、屈尺、廣興、新店、三張犁、古亭、永和」；大
漢溪流域的「鶯歌、三峽、樹林、板橋、西盛〔註127〕；淡水河流域的「萬華
（艋舺）、淡水（滬尾）、三芝」等，都是保儀雙忠信仰圈的範圍。各地的「雙
忠廟」、「集應廟」、「集順廟」、「忠順廟」與「保儀廟」等，時常配祀的神祇，
幾乎都是「安史之亂」當年一同殉國的雷萬春與南霽雲等烈士忠臣。

　　清朝文宗咸豐三年（1853），北臺灣艋舺發生極為悲慘的漳、泉分類械鬥
「頂下郊拼事件」，範圍擴及相當廣，基隆地區也無法倖免。基隆河流域屬於
保儀雙忠（尪公）信仰圈，從松山上溯南港、汐止、七堵、暖暖、瑞芳、雙
溪，一直拓展到平溪，這與移墾聚落分布及交通路線有關。這些地區與基隆
地緣性相當深厚，但是基隆市區主要是以漳州族群為主（基隆廟口夜市內的
「奠濟宮」，即是主祀「開漳聖王」），祭祀開漳聖王，因此漳、泉漳交界大約
以「獅球嶺」為界。獅球嶺以前是七堵地區到基隆市區的必經之地，在這裡
還流傳著「尪公不過嶺」與「『尪公』無頭殼，『聖公』無手骨」的俗諺，可
推測當年漳、泉分類械鬥的慘烈，以及尪公信仰圈與開漳聖王信仰圈的界限。
因此，基隆市街是屬於漳州族群的地盤，瑞芳、暖暖一帶的泉州族群則是供
奉保儀雙忠（尪公），泉州族群絕對不會越過獅球嶺，也不會到基隆市區。

　　新店溪中、上游雖然無雙忠廟，但是幾乎所有泉州族群的寺廟（例如清
水祖師廟），都有配祀祭拜保儀尊王與保儀大夫，並且進行每年兩次的「迎
尪公」（「請老祖」）繞境靖鄉的活動。春季（春祭）時，屈尺地區為農曆四
月二十四日，廣興地區為農曆四月二十五日；秋季（秋祭）時，屈尺地區為
農曆十月十五日，廣興地區為農曆十月十六日。繞境靖鄉的尪公有「大尪公」
和「小尪公」，大尪公來自木柵忠順廟保儀大夫張巡，小尪公來自景美集應
廟保儀尊王許遠。這是地方一年一度的盛事，熱鬧無比。隨著工商社會發展
變遷，不同祖籍血源的新住民，加入當地移墾聚落而居，保儀雙忠信仰圈，
以及迎神祈福、繞境靖鄉等活動，並未因此而改變，所有住民共有的信仰文
化，對於促進地方繁榮發展，增進社區經濟脈動，自有其不可忽視的影響力。

　　與新店大坪林、屈尺、雙溪口、廣興、龜山一樣，三峽拓墾先民來自泉
州安溪，保儀雙忠與清水祖師都是安溪人的鄉土守護神。因此，三峽地區為

〔註127〕每年農曆十月十七日，板橋「浮洲大拜拜」；每年農曆十月十九日，新莊西盛
　　　　「迎保儀大夫」，俗稱「西盛大拜拜」。

保儀雙忠與清水祖師信仰圈的重疊區域，每年都會有「迎尪公」與「殺豬公」
的傳統習俗。

三、開漳聖王信仰圈

（一）開漳聖王

閩、粵地區相較於中原地區，大規模開發拓墾的時間較晚，因此一些在
南移拓墾過程中，有功地方與德披黎民者，離世後都祀奉為「移民神」，並常
被認定為開基始祖，譬如「開閩聖王」王審知〔註128〕、「開漳聖王」陳元光。

「開漳聖王」是源自於中國歷史人物的民間信仰，祂就是唐朝高宗時的
平蠻名將「陳元光」（657～711），字「廷炬」，又號「龍湖」，河南光州固始
人，生於唐高宗顯慶二年（657），卒於唐睿宗景雲二年（711）。盛唐時，陳
政（聖父）與陳元光（聖王）父子二人，率「中原八十七姓」將士，平定潮
州，開發漳州地域，後建置漳州，後世閩南人士為感念尊崇，遂在聖王亡故
後，建廟立祠，後經由唐、宋時期朝廷的誥封，於是成為閩南、潮州與汕頭
等地區「開漳聖王」的傳統信仰。因歷朝歷代對「開漳聖王」有不同的封號，
所以還有「威惠聖王」、「聖王公」、「威烈侯」與「陳聖王」等稱號。〔註129〕
新店安坑地區移墾聚落的當地住民，較少言稱「開漳聖王」尊號，比較常說
的尊稱為「聖王」、「聖王公」、「相公」、「相公祖」、「相爺公」與「老祖」等，
感覺較為親切。

開漳聖王的信仰本質，是「聖人成神論」（英雄成神論）的現象，是百
姓對歷史人物恩澤的感念，而加以「神格化」並祭祀膜拜。對於閩南漳州地
區的百姓而言，聖王、聖父二人自中原南下，平定閩蠻，建置漳州，居功厥
偉。而同時南下征戰的眾將士，最終定居閩南，成為了部分閩地漢人的中原
先祖，聖王也就自然成為率領中原士族至閩的共同始祖。過去在福建漳州府
的七縣一廳，不分閩、客聚落，都有祭祀開漳聖王的「威惠廟」，表示無論
是閩南人還是客家人，都認同先祖源自中原地區，且崇祀開漳聖王。

開漳聖王的信仰圈遍布閩南地區及東南亞，漳州、潮州、汕頭、粵東地
區、臺灣、香港等第，只要有漳州籍移民的區域，就有開漳聖王的奉祀香火。

〔註128〕王審知是五代十國時期閩國的開國君王，廟號閩太祖，閩地人尊稱為「開閩
聖王」、「開閩尊王」與「忠惠尊王」。
〔註129〕趙俊祥《平潭春秋——河左岸碧潭風情》，新店：臺北縣新店市平潭社區發展
協會，二〇〇六，頁56。

遠渡臺灣海峽至北臺灣新店溪流域拓墾的漳州先民，將鄉土守護神開漳聖王迎奉來臺，護佑免於疾疫，身體平安，拓墾順利，也祈禱防範泰雅族原住民族侵擾，因此，開漳聖王信仰中，就流傳著聖王能「防番害」的傳說。此傳說與安坑雙城偏屬客家籍的三官大帝信仰、新店屈尺與廣興泉州籍的清水祖師信仰、保儀雙忠信仰相類似。

此外，在清朝中葉發生「漳泉分類械鬥」時，新店溪西岸的太平宮開漳聖王信仰，也就成為安坑地區漳州族群與閩客族群的信仰寄託，與新店溪東岸大坪林五庄聚落，泉州安溪人的保儀雙忠信仰（尪公信仰）相抗衡，因而有「尪公無頭殼，聖公無手骨」的俗諺流傳。隨著時空流轉，新店溪流域的開漳聖王信仰，已從移墾聚落型的祭祀圈，脫離「漳州族群守護神」的地方性格，進而提升至超越族群、跨越聚落的開漳聖王信仰圈，而成為一般民眾共同尊祀的民間信仰神祇。

（二）安坑外五庄大坪頂太平宮

新店安坑大坪頂太平宮是安坑地區第一大廟，又名「大坪頂開漳聖王廟」〔註130〕、「大坪頂」〔註131〕和「大廟」〔註132〕，是由當初拓墾安坑外五庄的移墾先民八人集資購地所建〔註133〕，並自桃園「大料崁」（即今日大溪）〔註134〕「埔仔頂粟仔園」，迎奉開漳聖王金身鎮殿，成為新店安坑外五庄地區的信仰中心。〔註135〕大坪頂太平宮，是安坑內、外五庄移墾聚落中，眾多寺廟裡，規模最宏偉的信仰中心。太平宮地理位置在新店溪碧潭西岸的大坪頂上，可居高臨下俯瞰下方的碧潭河水，更可眺望新店溪下游的遼闊平原，最遠可望至淡水河出海口的大屯山脈與觀音山脈（板橋林家「大觀書院」與後來的「大觀路」命名由來）。

太平宮建在大坪頂上，因此也被安坑地區的住民俗稱為「大坪頂」。「大

〔註130〕中華綜合發展研究院應用史學研究所總編纂：《新店市志》，新店：新店市公所，二〇〇六年，頁 603。趙俊祥：《平潭春秋——河左岸碧潭風情》，新店：臺北縣新店市平潭社區發展協會，二〇〇六，頁 56。

〔註131〕安坑的當地居民皆習慣稱太平宮為「大坪頂」或「大廟」。

〔註132〕同上註，研究者家人都是習慣此稱法。

〔註133〕參閱「新店太平宮沿革碑文」。

〔註134〕鄧天德：《臺灣鄉鎮市區名稱由來概說》，臺南：南一書局，頁 6。「大溪位於淡水河的幹流大漢溪旁，舊稱為『大料崁』，是來自於當地的凱達格蘭族霄裡社人稱大漢溪的譯音，後來才改稱為『大溪』。」

〔註135〕因傳統在地住民多為閩南族群，因此上述尊稱皆為閩南語發音。

坪頂」的命名由來相對於「大平腳」〔註136〕。「大平腳」位於新店碧潭西岸，灌溉安坑地區的「大豐圳」（安坑圳），即是位在這格區域，隔著新店溪的對岸，即是灌溉大臺北東南地區的「瑠公圳」入水口。「大坪頂」顧名思義可知，是指「地勢較高的平地」，類似一塊臺地或丘陵地，如同「大坪林」是指「林木茂盛的大平地」一樣；「大平腳」字義指「大坪頂之山腳」，如同「大崎腳」字義指「大香山山坡下的陡斜坡」一樣。由上述地名分析可知，太平宮的興建位置，相對於周遭平緩的地形，是屬於較高的區域。

太平宮的廟史沿革，可追溯到18世紀末期，距今已超過二百年的歷史。最初閩南漳州籍與客家籍移民，沿新店溪畔拓墾新店溪西岸地區〔註137〕（新店溪較寬廣與較平坦的東岸地區，包括新店舊街與大坪林區域，皆為泉州安溪人耕種的範圍），並開鑿永豐圳（安坑圳）灌溉渠，形成安坑外五庄的移墾聚落模式，當時漳州先民也迎來祖籍地的原鄉守護神「開漳聖王」奉祀祭拜。「新店太平宮沿革碑文」記載：

> 昔日之安坑地區，森林密布，鬱鬱蒼蒼，故名暗坑。乾隆嘉慶年間，閩漳漢人渡海來臺，移入此地耕墾，篳路藍縷，以啓山林。為祈消弭瘟疫，風調雨順，乃迎開漳聖王香火，奉祀於暗坑，嘉慶六年（1801），安坑外五張之永豐圳水利灌溉工程完工，維修系統亦建立，庄民為感念聖王之庇祐，而有建廟之議。至嘉慶十一年（1806）由先賢廖世協、廖向老、張阿樓等人發起，而於嘉慶十二年（1807）由張馥元、吳以文、曾合記、王三才、廖仁記、林滎水、游源昌、范清科等八人，集資洋銀壹仟伍佰捌拾參圓陸角，向原住民墾主購得安坑庄赤塗崁〔註138〕湖底〔註139〕浮洲〔註140〕荒埔山番園等處地，闢建太平宮……。〔註141〕

〔註136〕「大坪頂」的「坪」與「大平腳」的「平」寫法相異，疑是口語轉寫成文字之訛誤。經查證《辭彙》，「坪」是名詞，是指平地之意，而「平」是形容詞，是指沒有凹凸高低。因此「大平腳」的正確寫法應是「大坪腳」。在《戀戀碧潭情——尋找新店瑠公圳開拓史蹟》第36頁、《新店人的歷史》第50頁、《新店文史館導覽簡介》「大豐圳的開築」等部分都是寫成「大平腳」。

〔註137〕即今日安康路一段所涵蓋的區域，從過碧潭大橋到公館崙為止。

〔註138〕今日的頂城和下城。

〔註139〕即「大湖底」，也就是今日的莒光路臺大實驗農場和內政部矯正署新店勒戒所（原名「明德山莊」）一帶。

〔註140〕今日碧潭大橋下游處的溪州地區，目前有原住民溪洲部落位於此地。

〔註141〕摘錄自「新店太平宮沿革碑文」，根據碑文記載，太平宮建廟之議始於嘉慶六

太平宮興建的歷史是在嘉慶十一年（1806），由地方仕紳發起籌組，並於嘉慶十二年（1807）開始著手興建，但在嘉慶六年（1801）因灌溉水利工程完成，對於安坑地區的農作生產繁榮興盛，起了實質上的助益，這個重大的利基，也是加快促成太平宮的興建的主因。

日本統治後期，昭和十二年（1937），日本當局推動皇民化運動，臺灣寺廟面臨存廢危機，所有寺廟都須改為奉祀日本神祇。當時太平宮管理人王水柳先生，為了設法保住太平宮，於是聘請日本籍佛教師父擔任太平宮住持，同時將太平宮改名為「碧潭寺」，迎奉日本人也祭拜的「觀音佛祖」。昭和二十年（1945），日本戰敗，臺灣改由國民政府統治，國民政府部隊也曾駐紮太平宮，將寺廟大殿當做部隊營舍。為維護神祇神聖尊嚴，王水柳先生遂將開漳聖王金身及各附祀神祇神像，迎至祖厝奉祀，直到民國三十六年底軍隊撤離後，才再迎回開漳聖王金身至太平宮祭祀。

回顧太平宮初建之時，只是一間普通的簡陋小廟，歷經多次改建與增建，發展至今已成為一座雄偉壯觀的大廟。太平宮於民國三十八年增建前殿，民國五十年再度改建前殿與後殿，完成後成為「三進二落」規模的宏偉建築〔註142〕。民國八十四年再增建高聳巍峨與精雕細琢的後殿高樓。〔註143〕太平宮是典型的傳統閩粵風格寺廟建築，前有高築的戲臺、寬廣的大廣場、莊嚴氣派的三川門、前殿外的大埕，兩側還有造型優美的鐘鼓樓和噴水池（龍池），後方則有美麗花園，寺廟整體氣勢宏大壯觀。為了表達對開漳聖王信仰的虔誠恭敬，寺廟建築的細節也都非常考究，充滿了許多精細別緻的雕刻、彩繪與裝飾，可說是傳統寺廟建築與文化藝術的展示中心。〔註144〕

年（1801），至嘉慶十一年（1806）發起，嘉慶十二年（1807）集資購地興建。

〔註142〕臺灣的傳統建築形式，包括廟宇建築，是以縱線向前後伸展，形成一進一進的院落，稱為合院式布局，其中橫列的房屋叫「落」，例如「三落大厝」。院落即院與落的合稱，院臺語稱為「埕」。這種型式的大厝有「口」字型，即二落一埕，「日」字型，即三落二埕，「目」字型即四落三埕。「一進」又稱做「一落」，兩落之間的空間即是「院」或「埕」，廊道或廂房則稱做「過水」。簡單的說，和門前道路平行的房屋稱為「落」，第一排就是一落，再進去就是院，緊接著是二落，接著院，最後面就是三落。太平宮為「三落二埕」式，同時也是「三進二落」式，因為廟宇大門牌樓算一進，前殿算二進，後殿算三進，而實際的宮廟建築只有前殿與後殿，故稱為「二落」。

〔註143〕趙俊祥：《平潭春秋──河左岸碧潭風情》，新店：臺北縣新店市平潭社區發展協會，二〇〇六年，頁57。

〔註144〕臺北縣政府：《臺北縣國民小學五年級鄉土教學活動學生手冊》，板橋：臺北縣政府，二〇〇二，頁75～82。

關於新店安坑地區開漳聖王信仰，趙俊祥在《平潭春秋──河左岸碧潭風情》寫道：

> 大坪頂開漳聖王廟太平宮是安坑第一大廟，始建於 1806（嘉慶
> 11）年，已超過二百年歷史。……伴隨移民開庄建業，共度苦難戰
> 亂，成爲民眾心靈的寄託慰藉。從小廟到大廟，成爲安坑的信仰、
> 政治、社會、文化重心，甚至太平里以之爲名，太平宮可說是見證
> 了碧潭左岸的開發史，與地方緊密相連密不可分。〔註 145〕

由此可知，太平宮是安坑地區移墾聚落居民的生活、文化與信仰中心，實質
可見的功能性，包含了「信仰、社會、文化、教育、歷史、建築、藝術、經
濟、政治、與觀光」等部分，連廟前的大廣場，也繪製成「機動車練習場」，
提供年輕人駕駛執照考驗練習。

太平宮最大的祭祀活動，就是在每年農曆二月十四日至十六日，連續三
天進行春祭法會〔註 146〕，以及開漳聖王聖誕千秋祝壽活動（農曆二月十五
日）。千秋聖壽法會，由安坑外五庄的 8 組字姓，負責組織祭祀，並按照「林、
張廖簡、王游沈、陳虞姚胡田、吳、什姓〔註 147〕、曾、賴」的順序，每年輪
值辦理祭祀活動，同時以擲筊方式選出每年的新爐主，負責統籌辦理祭典事
宜。開漳聖王聖誕千秋是安坑地區每年期待的大事，慶典法會期間會有酬神
大戲、「殺豬公」（刣豬公）〔註 148〕、遶境靖鄉，以及移墾聚落住民宴請賓客
等活動。

太平宮除了春祭法會三天熱鬧的活動之外，其他年度的重要民俗節日，
以及配祀神明的誕辰日，也都有盛大慶典及祭祀活動，例如「正月安太歲、

〔註145〕趙俊祥：《平潭春秋──河左岸碧潭風情》，臺北：臺北縣新店市平潭社區發
　　　　展協會，二〇〇六年，頁 56。

〔註146〕相對於秋祭法會。春祭原應是在春分時舉行，時間大約是國曆三月二十、二
　　　　十一或二十二日，但因開漳聖王聖誕於農曆二月十五日舉行，所以將春祭法
　　　　會合併於農曆二月十四日至十六日，連續舉行三天。

〔註147〕除了「林、張、廖、簡、王、游、沈、陳、虞、姚、胡、田、吳、曾、賴」
　　　　等姓之其他姓氏。

〔註148〕即是以大全豬祭拜，這是最高規格與敬意的供奉──大副「五牲禮」。五牲禮
　　　　包括居中在前的一隻大生豬「中牲」，大生豬口中含鳳梨或包紅紙的橘子，前
　　　　面懸掛一隻雞、一隻鴨或鵝，稱爲「邊牲」，再配掛一尾鯉魚及豬隻內臟，稱
　　　　爲「下牲」。此外，還附帶一對竹子懸掛紅布於中牲上方，代表「節節高升」、
　　　　「加官進爵」之意，後方則有連葉帶根的甘蔗，取其「有頭有尾」、「甘甜美
　　　　滿」的吉祥意思。

祭改法會、元宵乞龜、猜燈謎、中元普渡、秋祭儀式〔註149〕、農曆九月初一日至九日的「九皇禮斗祈安植福消災延壽大法會」等，為所有的虔誠信眾與安坑住民，祈福納祥，消災解厄，安定心靈，永保安康。

（三）安坑內五庄三城日興宮

日興宮位於安坑內五庄三城，背後為山脈，前方為五重溪（安坑溪）及較平坦的河階平原，屬於山谷與溪流夾帶之間的狹長地形。日興宮原址在三城安康路三段的末端大馬路邊，後因道路拓寬成雙線道的影響，便另擇吉地遷建於後方山邊，地理位置與地勢，也較原址為高，而原來的廟址，則僅剩下「土地公廟」〔註150〕一間，供聚落居民膜拜。

日興宮最初命名為「日興居」，是安坑內五庄三城地區移墾聚落住民的最主要信仰。日興宮位置在三城，屬於安康路三段區域，同為安坑路旁的潤濟宮位置在雙城，二座寺廟同為安坑內五庄地區，歷史最悠久的二座歷史古廟。日興宮的廟史沿革，始於清朝嘉慶年間，閩南漳州來臺拓墾先民廖州藤等十八股人氏，由大陸原鄉迎來「謝府元帥」、「開漳聖王」與「關聖帝君」，並建廟奉祀。

「謝府元帥」俗名「謝玄」，字「幼度」，東晉陳郡陽夏人，父親為東晉名將安西將軍「謝奕」，叔父為東晉宰輔「謝安」，皆是陳郡謝氏的著名人物。謝元帥生平經歷的最有名戰役，即是歷史上最經典的戰役之一「淝水之戰」，以一手創建的八千北府精兵，以少勝多的打敗數十萬前秦苻堅秦兵，守護了東晉江山。謝元帥身故後，同開漳聖王一樣，產生「聖人成神論」（英雄成神論）的現象，而被加以「神格化」祭祀膜拜。謝元帥被來自中原士族的客家族群，尊奉為守護神祇，並尊稱為「謝府元帥」、「護國尊王」、「廣惠尊王」、「廣惠聖王」、「廣應尊王」、「顯濟靈王」、「聖王」與「王公」等。〔註151〕

日興宮與太平宮命運相似，日本統治時期，曾被日本軍隊當成軍營駐紮士兵，雖然最終軍隊有遷移他處，可是寺廟卻被燒毀，原因是要改變當地移

〔註149〕秋祭即是秋季法會，於農曆七月十五日同「慶讚中元盂蘭盆普度大法會」一起舉行。

〔註150〕正式名稱為「日興宮福德殿」。

〔註151〕參閱「新店太平宮沿革碑文」。謝元帥被尊稱為「謝元帥」、「謝府元帥」、「護國尊王」、「廣惠尊王」、「廣惠聖王」、「廣應尊王」、「顯濟靈王」、「聖王」、「王公」等，與開漳聖王被尊稱為「威惠聖王」「威烈侯」、「陳聖王」、「聖王公」、「相公」、「相公祖」、「相爺公」等或有相似與相同。

墾聚落住民的信仰，以及消滅族群守護神祇。內五庄漳州人與客家人，無奈
於日本人勢力強大，聚落住民們無法重新修建「日興居」，直到日本昭和元年
（1926），才有契機於舊址重建新廟，並改名為「日興宮」。日興宮後來又因
道路拓寬，遷至較廣闊的現址，民國八十五年落成後，已是今日雄偉開闊的
寺廟。

　　日興宮正殿正中神龕的楹聯寫道：「元正氣達世情率性人天仁道早立，帥
義兵戡國亂救民水火德業長留。」聯句中說明了謝元帥「正氣懷仁，世情率
性，安內攘外，保國衛民」的偉大功績。前殿內柱的楹聯寫道：「宋助聖王闢
閩地開霞漳功垂不朽，清祠吾邑驅兇蕃成墾業德感無窮。」也清楚詳細的闡
述了，宋朝時期祐助漳州族群守護神開漳聖王的豐功偉業，以及清朝時「驅
兇蕃成墾業」澤被四方黎民的恩澤。因為安坑地區有如此的地理與歷史背景，
所以原漢族群衝突的傳說就非常的多，也可由此加以探究。

　　日興宮主祀謝元帥，配祀開漳聖王與關聖帝君。謝元帥是清朝時期，由
當地廖姓移民從故鄉迎奉來的神祇，開漳聖王是漳州人的守護神，關聖帝君
則是不分族群皆恭奉崇祀，這三尊神明皆是安坑內五張三城地區，漳州人的
信仰神祇。謝元帥、開漳聖王與關聖帝君，生前皆是保國護民，功蓋千秋的
文武大將。每年農曆五月初五是謝元帥的誕辰，同時也是廟慶，廟方皆會舉
辦盛大的祝壽法會與慶典活動。

　　日興宮雖然是主祀謝府元帥，配祀開漳聖王，但日興宮仍是屬於開漳聖
王信仰圈的範圍，主因是三城地區雖然有不少的客家裔住民，但亦是漳州族
群的分布區域，只是日興宮主祀的謝府元帥，是屬於中原南下的客家士族守
護神，由客籍廖姓先民從大陸原鄉迎奉而來，建廟奉祀，因此，日興宮主祀
神祇相異於太平宮。大坪頂太平宮尊奉開漳聖王為主祀神祇，每年農曆二月
十四日至十五日，開漳聖王的聖誕祝壽活動，聯合雙城潤濟宮與三城日興宮
共同舉行，是安坑內、外五庄的地方大事，熱鬧的遶境靖與宴請賓客等活動，
範圍涵蓋整個大安坑地區。

（四）大安坑地區開漳聖王信仰圈

　　新店溪流域區分成上、中、下游三個大區塊，自上游而至下游序列，較
大的移墾聚落分別為「坪林、烏來、龜山、雙溪口、屈尺、廣興、碧潭、新
店、大坪林、安坑（外五庄與內五庄）、景美、中和、永和、公館、板橋」等。
其中中游下半區與下游區塊，因屬較寬廣的平原地形，為了移墾聚落分布與

族群研究，又分別以新店溪東、西兩岸做區分。碧潭、新店、大坪林、安坑（外五庄與內五庄）即是位於新店溪中游的東、西兩岸，在這個區域的移墾聚落，可區分成泉州族群、漳州族群與客家族群。泉州族群位於東岸的大坪林及以東區域，範圍可延伸至景美、萬隆、木柵、深坑與石碇一帶；漳州族群與客家族群則位於安坑的外五庄與內五庄區域，往南可延伸至三峽安坑地區。

　　屬於典型傳統漳州移民信仰的「開漳聖王」大廟太平宮，就是坐落於漳州族群較多的安坑外五庄大坪頂。大安坑地區開漳聖王信仰圈包含廣義的大安坑地區，也可說新店溪西岸，就是屬於開漳聖王信仰圈。安坑內五庄除了漳州先民之外，還有一些客家籍移墾先民，沿著新北市新店區安康路分布。由安坑內五庄五城地區，進入三峽區安坑地區，就有一間典型傳統客家族群奉祀的三山國王廟。由三山國王廟，以及主要廟宇之一的潤濟宮（奉祀「三官大帝」），相異於三城日興宮與大坪頂太平宮，都是奉祀開漳聖王的情形，即顯現出漳州籍與客家籍先民，在安坑內五庄的分布情形，以及當年拓墾進展範圍，與實質影響區域。

　　大安坑地區開漳聖王信仰圈是以安坑外五庄的太平宮，以及內五庄的日興宮為中心，有宗教性的組織與活動。經歷「祭祀圈」多元神祇祭祀，與祭祀圈重疊情形，再隨著內、外五庄移墾聚落的擴張與發展，神祇信仰結合地方組織，讓地方祭祀圈組織更健全，並擴大民眾參與度，於是開漳聖王信仰圈便逐漸形成。

　　大安坑地區開漳聖王信仰圈隨著移墾聚落祭祀圈的變遷，也經歷了「聚落性祭祀圈」、「區域性祭祀圈」、「跨聚落性祭祀圈」、「跨區域性祭祀圈」等四種時期（規模），然後演變成以「一神信仰為中心」，並超越有形組織，集結不特定的跨區域性人群，進行非固定式的活動，達到開放性與跨區域性的信仰圈規模。在新店溪流域相似的信仰圈規模，還有「福德正神信仰圈」、「保儀雙忠信仰圈」與「清水祖師廟信仰圈」。

　　大坪頂太平宮原屬於地方移墾聚落內的庄頭寺廟，開漳聖王信仰會發展到跨聚落、跨區域、甚至跨國界的信仰圈，其原因包含：寺廟歷史悠久，建廟沿革追溯自清朝統治時的嘉慶十一年（1806），歷經新店溪流域族群衝突，形成跨聚落與跨區域的族群集居，族群同質性與凝聚力也越強，最終信眾遠播他鄉，且又是新北市新店地區的信仰中心。再者，歷經長期遶境靖鄉，以

及對外與對內的刈火進香活動的累積。此外,同屬原鄉移祀神祇開漳聖王信仰的客家族群,在信仰與生活圈上依附漳州族群,不但增進族群和諧關係,也擴大多元族群參與。最後,是有關神祇的信仰傳說傳播,以及故事文化行銷。

有關大安坑地區開漳聖王信仰圈的傳說,少部分為文獻資料所記載,大部分為研究者訪談當地耆老與士紳,將口述故事蒐集而成。相關的傳說有很多,包括:居住在新店溪東岸大坪林的泉州族群,襲擊新店溪西岸安坑的漳州族群,並燒毀太平宮的新店安坑漳泉族群衝突故事;安置於太平宮山川門正中間的高麗狗傳說;內五庄雙城與三城「驅兇番成墾業」原漢族群衝突的故事;神明顯靈護佑鄉民祈禱必驗的傳說」等。

這些安坑地區各聚落神祇靈驗的傳說,大大的彰顯太平宮與日興宮的特殊性,以及強化開漳聖王的靈異性。藉由當地住民與各地信眾,在各種媒體與集體活動中,不斷的「文化行銷」傳播出去,無形之中也更進一步加深信眾對開漳聖王的虔誠信仰,也使得大安坑地區開漳聖王信仰圈能夠持續發展下去。